COSACNAIFY

FUNDACIÓN
CISNEROS
COLECCIÓN
PATRICIA
PHELPS DE
CISNEROS

— CARLOS CRUZ-DIEZ

CONVERSA COM

— ARIEL JIMÉNEZ

TRADUÇÃO Vera Pereira

APRESENTAÇÃO

Um dos prazeres mais gratificantes para qualquer pessoa interessada em arte é conversar com um artista – ainda que um dos mitos modernistas mais comuns acerca do processo de criação artística seja que a opinião e as intenções de seus criadores são irrelevantes, como se a obra devesse conter, *tout court*, todo o seu significado em um pacote hermeticamente fechado. Se assumirmos que a arte é sobretudo uma forma de comunicação e um veículo através do qual constrói-se significado e negocia-se interpretação, então as motivações, dúvidas, certezas e ambições do artista podem somente ampliar nossa compreensão e apreciação do objeto. Desde Sócrates, a conversa se mantém como formato privilegiado para o intercâmbio, a construção e a disseminação de ideias na sociedade. O encontro de duas mentes em meio a um vaivém de perguntas, respostas, hipóteses e argumentos é um mecanismo fundamental para a criação e entendimento de novos conhecimentos.

A Fundación Cisneros, de acordo com a sua missão de fomentar o conhecimento e o entendimento de arte latino-americana, tem encomendado uma série de diálogos entre proeminentes artistas e autores. A dupla intenção é gravar e preservar um importante patrimônio cultural, assim como transmitir a profundidade e amplitude das ideias desses artistas a um público maior.

Este volume de conversas com Carlos Cruz-Diez dá continuidade ao ambicioso programa de vários anos para realizar e gravar conversas entre alguns dos artistas e críticos mais importantes de nosso continente. A série se tornou o principal projeto editorial da Fundación Cisneros. O formato destes livros supera a tradicional entrevista jornalística para aprofundar o compromisso entre artista e autor, ao longo de múltiplos encontros (durante décadas, no caso de Cruz-Diez), editados de forma a proporcionar uma visão extensa do desenvolvimento intelectual e artístico do entrevistado.

Neste volume, Ariel Jiménez nos apresenta uma visão profunda e comprometida da vida e obra de Carlos Cruz-Diez. Próximo ao artista desde 1977, tendo inclusive trabalhado por anos como assistente em seu estúdio em Paris, Jiménez testemunhou muitos dos eventos descritos no texto. Esse relacionamento especial deu ao autor tanto uma íntima familiaridade como uma posição crítica da materialização de ideias ao longo da carreira prolífica de Cruz-Diez. Muitos dos tópicos debatidos nestas conversas representam a primeira instância de sua discussão impressa, como, por exemplo, a função dos materiais nas obras, um fator central na produção de Cruz-Diez que tem sido mal interpretado ou simplificado em muitas ocasiões.

Espero que este livro leve a vida e o trabalho desse grande artista a novas audiências, e desejo expressar minha gratidão a Carlos Cruz-Diez e Ariel Jiménez por seu tempo e dedicação; a Donna Wingate e a Ileen Kohn Sosa, por sua coordenação efetiva do projeto editorial; e muito especialmente a Patricia Phelps de Cisneros e a Adriana Cisneros de Griffin, por seu sempre presente comprometimento de fomentar o conhecimento e o entendimento da arte latino-americana.

GABRIEL PÉREZ-BARREIRO

Diretor da Colección Patricia Phelps de Cisneros

CARLOS CRUZ-DIEZ

CONVERSA COM

ARIEL JIMÉNEZ

À MARGEM DA HISTÓRIA

Para integrar-se ao tempo

—— ARIEL JIMÉNEZ À medida que a crença em Deus foi declinando ao longo dos séculos XIX e XX, muitos passaram a ver na história a única fonte de transcendência humana. Se não há um mundo além da morte, não há um juízo final. Ser reconhecido por sua obra como indivíduo merecedor de entrar para os anais da história substituiu o sentimento profundo que fazia de cada crente um membro de uma comunidade privilegiada, qualquer que fosse sua posição social. Por outro lado, sentir-se fora desse âmbito de autoridade definidor da história era causa de angustiantes sentimentos de exclusão ou condenação. Isso fez gerações inteiras de artistas latino-americanos se empenharem em ingressar na corrente da história que consideravam universal e da qual se sentiam excluídos.

—— CARLOS CRUZ-DIEZ Foi o que aconteceu comigo. Em meu caso particular, eu diria que essa fase de angústias caracterizou toda uma etapa da minha vida, que se iniciou em 1943 e se prolongou por muitos anos. Minhas reflexões e ansiedades nesse período giravam em torno da necessidade imperiosa de entrar na história para nos salvarmos do esquecimento. Não exatamente para me salvar individualmente, ou para obter a notoriedade e a fama que os jovens artistas às vezes buscam, mas para nos salvarmos todos do contexto em que vivíamos. Para nos integrarmos ao tempo,

ao tempo do nosso tempo, e podermos dizer ao mundo: aqui estamos nós... existimos... aqui também acontecem coisas. Como indivíduo, eu queria crescer, desejava que nosso país se integrasse à modernidade e solucionasse os problemas básicos que não soubemos resolver no século XIX. Mas a Venezuela em que nasci tinha, em determinados aspectos, muito pouco a ver com a que conhecemos hoje. A Venezuela era uma nação à margem da história, as coisas importantes aconteciam muito longe dela, em outro lugar. Notícias sobre o que estava acontecendo na arte demoravam meses ou anos para chegar até nós, e é bem provável que essa sensação de isolamento tenha se acentuado com a Segunda Guerra Mundial. As publicações europeias não chegavam, os poucos livros e revistas que recebíamos vinham do Chile e da Argentina. O México ainda não era a potência editorial que veio a ser alguns anos depois. Raramente nos chegavam notícias sobre arte, e os poucos livros que conseguíamos encontrar sobre o assunto eram quase sempre impressos em preto e branco. Eu brincava dizendo que estudei história da arte em preto e branco. Ainda me lembro da forte emoção que senti ao visitar pela primeira vez, em 1955, o Museu do Prado, onde pude contemplar *As meninas* [*A família de Felipe IV*]. Quando era estudante, eu não ligava muito para Velázquez, porque sua obra em preto e branco me parecia ser de um acadêmico igual aos outros.

Toda a minha informação inicial sobre arte limitava-

-se a Tovar y Tovar,[1] Arturo Michelena,[2] Cristóbal Rojas[3] e Tito Salas,[4] os grandes mestres acadêmicos da Venezuela, cuja obra eu podia ver de perto. Quando criança, entre seis e sete anos, eu morava em La Pastora[5] e costumava passear todas as tardes com minha avó paterna. Ela me levava pela mão através das ruas vizinhas, e sempre passávamos em frente à casa de Arturo Michelena. A rua em que morávamos tinha

1 Martín Tovar y Tovar (1827-1902). Pintor acadêmico venezuelano formado na Espanha e na França. Autor de algumas das mais respeitadas pinturas de tema histórico, como *Batalla de Carabobo*, de 1887, no teto do Salão Elíptico do Congresso Nacional.

2 Arturo Michelena (1863-98). Pintor acadêmico venezuelano, aluno de Jean-Paul Laurens em Paris. É autor de imagens fundamentais para a história da independência venezuelana, como *Miranda en la Carraca*, de 1896, e *Carlota Corday*, de 1889. Os dois quadros pertencem à coleção da Galería de Arte Nacional, em Caracas.

3 Cristóbal Rojas (1857-90). Um dos mais importantes artistas acadêmicos da Venezuela. Além de tratar de temas históricos, é autor de diversas obras miserabilistas, como *El plazo vencido*, de 1887, e *Primera y última comunión*, de 1888.

4 Tito Salas (1887-1974). Último dos pintores acadêmicos venezuelanos com uma obra essencialmente dedicada à iconografia dos heróis da independência, principalmente a vida e a obra de Simón Bolívar. Seus quadros mais conhecidos se encontram na Casa Natal de Simón Bolívar e no Panteão Nacional, em Caracas.

5 La Pastora. Um dos bairros tradicionais de Caracas, muito perto do centro histórico da cidade.

um nome pitoresco, La Bajada de los Perros [Baixada dos cachorros], e ficava não muito longe da esquina de Torrero, bem perto da casa que ele usava como ateliê. Todas as tardes, por volta das cinco horas, dona Lastenia de Michelena, viúva do artista, aparecia na porta de sua casa, e, como a minha avó era muito amiga dela, as duas passavam um tempo conversando. Percebendo meu interesse pelas pinturas da casa, dona Lastenia me deixava entrar... "Entra, filho, entra", me dizia. Então, enquanto as duas conversavam, eu entrava para ver as obras de Michelena. E sempre parava diante do mesmo quadro: *La vara rota* [A vara quebrada].

A qualidade do desenho e a veracidade dos detalhes me encantavam nesse quadro. Os movimentos do picador e do cavalo, em particular, que me pareciam tão difíceis de desenhar, deixavam-me fascinado. Não muito longe dali, na igreja de La Pastora, havia outra obra, *El purgatorio*, de Cristóbal Rojas [1]. Meus pais iam à missa todos os domingos e sempre me levavam junto. Enquanto assistiam à cerimônia, eu fugia para deliciar-me contemplando essa pintura. Meu pai costumava me contar diversas histórias sobre o pintor e o que o povo falava a respeito dele. Diziam que Rojas havia contraído tuberculose por passar meses inteiros fechado em um quarto com enxofre queimando para pintá-lo... Mas a realidade era completamente diferente. Não foi o enxofre, mas a fome que o deixou tuberculoso. E ainda havia os feriados do Dia da Independência; quase como um ritual, meus

1 Cristóbal Rojas, *El purgatorio*, 1890.

pais me levavam para admirar a obra de Tovar y Tovar no teto do Salão Elíptico, no Congresso Nacional. É uma pintura extraordinária que deixa a todos de boca aberta, sobretudo, é claro, porque, ao olharmos para o teto muito alto, automaticamente abrimos a boca. Depois, íamos à casa de Bolívar e ao Panteão Nacional para ver as pinturas de Tito Salas.

Desde criança, nada me interessava tanto quanto desenhar e pintar. Quando entrei para a Escuela de Artes Plásticas y Artes Aplicadas, descobri o vasto mundo da arte e o prazer de trabalhar com materiais que nunca tinha usado, como a tinta a óleo, a tela e o pastel. À medida que ia aprendendo e fazendo progressos no ofício, começaram a surgir inquietações, angústias, dúvidas e um sentimento de exclusão por ver que nenhum venezuelano figurava nos livros de história da arte que caíam nas minhas mãos... Daí, me perguntava: Quer dizer que Arturo Michelena, Cristóbal Rojas, Tovar y Tovar não foram artistas? O que eles foram então? Será que na Venezuela não há arte nem artistas?

—— AJ Quem tem um mínimo de consciência histórica e é capaz de estimar as imensas desigualdades em nosso país não pode deixar de vivê-las sem dor. A insatisfação com o presente inevitavelmente desperta o desejo de mudança e, em alguns, a vontade de contribuir com seu trabalho para torná-la possível. Faz todo sentido, portanto, que ao encerrar-se uma das mais longas e retrógradas ditaduras de nossa história, a de Juan Vicente Gómez,[6] os jovens sentissem necessidade de transformar a realidade que haviam conhecido, acima de tudo por sua visão tão pobre de nosso passado cultural.

—— 6 Juan Vicente Gómez (1857-1935). Caudilho venezuelano oriundo de Los Andes, que controlou o país entre 1908 e 1935.

— CCD Às vezes é saudável caricaturar as coisas mais graves para torná-las menos dolorosas. É uma atitude que herdei de minha mãe, que transformava toda situação conflituosa em piada. Por isso, costumo dizer, com todo o orgulho, que venho de um país "pré-colombianamente subdesenvolvido", onde não há grandes tradições históricas e onde os índios mais cultos, que habitavam as regiões da foz do rio Orinoco, tiveram de fugir depois da chegada dos selvagens caraíbas. Nosso legado histórico, apesar de importante, não alcançou o nível de desenvolvimento que tiveram o Peru, o México, a América Central e inclusive a Colômbia. Como se sabe, a Espanha investiu muito pouco nessas terras, porque a riqueza delas, à exceção das pérolas e do sal, era invisível a olho nu, pois estava escondida debaixo do solo. Quando a Venezuela era uma Capitania Geral sob domínio da Espanha, não se construíram nem edifícios nem templos de pedra, salvo os castelos para proteger as salinas, a única riqueza visível. Carlos v, rei da Espanha, pagou as dívidas contraídas para financiar as guerras de Flandres, entregando essas terras a banqueiros alemães,[7] que não encon-

7 Em 1528, a família dos Welser, banqueiros e comerciantes de Augsburgo, Alemanha, celebraram um convênio com a Coroa espanhola para exploração, povoamento e governo da província da Venezuela. O comércio foi ativo até 1546, quando, com o descontentamento dos povoadores castelhanos e as acusações de descumprimento do contrato, a concessão lhes foi retirada.

traram nelas nada além de morte. Como a riqueza não foi gerada aqui, a Espanha não fez investimentos culturais na Venezuela, tampouco enviou pessoas importantes para administrar essas colônias. Além disso, nosso triste século XIX (à exceção de Guzmán Blanco,[8] que criou as Academias de História e de Belas Artes) foi dominado por caudilhos, alguns deles ladrões ambiciosos e incultos, que se disfarçavam de militares ao chegar ao poder, para os quais a arte e a cultura não tinham nenhuma significação. Essa origem não me deprime, me faz sentir orgulhoso, porque tudo que sou e que podemos ser é fruto do esforço individual de cada venezuelano. Não herdamos cultura, temos de inventá-la.

—— AJ E, no entanto, para nós, que temos hoje a tarefa de construir pelo menos uma parte da história que parecia inexistente quando éramos jovens, fica claro que alguns dos grandes artistas venezuelanos não nasceram do nada. Ao contrário, começaram a surgir tradições que alimentam e dão sentido ao que cada um de vocês realizou. É preciso reconhecer ao menos a dívida que vocês têm com as práticas paisagísticas de seus professores da Escuela de Artes Plásticas de Caracas.

—— 8 Antonio Guzmán Blanco (1829-99). Caudilho venezuelano que controlou o país entre 1870 e 1888. Promoveu a laicização do Estado e decretou a educação gratuita e universal. Foi um dos governantes que mais apoiaram os artistas plásticos por meio de bolsas e grandes encomendas oficiais.

—— CCD Sem dúvida, mas naquele tempo tínhamos muito pouca informação sobre esse passado. Nem sequer existia a *História da pintura na Venezuela*, de Alfredo Boulton.[9] A Escuela de Artes Plásticas estava localizada na esquina de El Cuño, paróquia de Altagracia, no prédio que havia sido usado como quartel de "Los Cháchares", os policiais andinos que Juan Vicente Gómez trouxera a Caracas para aterrorizar os moradores da cidade. Era uma escola de orçamento modesto, sobretudo para o nível intelectual e moral do corpo de professores. Em história da arte, por exemplo, tivemos professores como Luis Alfredo López Méndez, que nos fazia ver e analisar as melhores coleções venezuelanas, como as das famílias Pietri, Boulton e Röhl. Essas coleções incluíam obras dos clássicos europeus e de pintores flamengos, além, naturalmente, dos pintores acadêmicos venezuelanos. Tínhamos reuniões regulares com os professores, entre os quais Antonio Edmundo Monsanto, Luis Alfredo López Méndez, Marcos Castillo, Juan Vicente Fabbiani, César Prieto e Francisco Narváez, que nos mostravam os livros de arte da biblioteca, fazendo todo tipo de comentários. López Méndez era particularmente atencioso.

—— AJ O fato de vocês terem começado a estudar arte poucos anos depois do fim da ditadura de Gómez deve ter transmi-

—— 9 Alfredo Boulton (1908-95). Além de fotógrafo, foi um dos mais influentes historiadores e críticos de arte venezuelanos, autor da primeira *História de la pintura en Venezuela*, obra que abrange desde os tempos coloniais até os anos 1970.

tido à sua geração um imenso entusiasmo. Os intelectuais mais influentes da época falavam de um renascer, quase um renascimento, e muitos de vocês talvez tenham sentido que chegara a hora de realizar uma obra verdadeiramente importante.[10]

—— CCD Tínhamos necessidade de agir e mudar o país para nos integrar à história. Nosso desejo era avançar e não continuar submissos às ideias que vinham de fora. Seríamos nós capazes de criar uma forma de arte que nos identificasse? Por esse motivo, me ocorreu que, estudando nosso folclore, eu poderia identificar a fonte de um discurso próprio e inédito capaz de nos libertar da dependência cultural. Essa ideia me levou a empreender numerosas viagens pelo interior do país, fotografando e fazendo filmes, desenhando e acumulando informações que mais tarde se converteriam em obras para contar a história das nossas tradições populares. Estava convencido de que naquele material havia um universo de significados fortes e autênticos, que podiam ter para nós o mesmo valor que as manifestações populares

—— 10 Intelectuais como Mariano Picón Salas (1901-65) diziam que o século XX venezuelano havia começado em 1936, após a morte do ditador Juan Vicente Gómez. Alfredo Boulton, por sua vez, escreveu em 1939 um artigo sobre Giotto, no qual de certa maneira comparava a situação histórica do italiano com a dos venezuelanos, concluindo que na Venezuela havia chegado o momento de fazer uma obra autêntica. Alguns anos depois, Alejandro Otero iniciou sua série *Las cafeteras*, convicto de ter sido chamado a realizar, pela primeira vez em seu país, uma pintura verdadeiramente importante.

tinham em outros países. Com base nele, seria possível criar obras que representassem nossa história, assim como os americanos haviam feito com suas histórias de guerras, indígenas, vaqueiros ou gângsteres, ou como os europeus com seu imenso legado histórico.

—— AJ Isso continua válido. Trata-se de fenômenos sociais e culturais genuínos. Eles fazem parte da realidade cultural do mundo e como tal devem ter, e têm, em seus melhores exemplos, um fundo universal. O que talvez tenha faltado foi um pintor de grande talento, como Diego Rivera no México, capaz de imaginar e extrair desse caudal de significados uma obra potente.

—— CCD O sentido profundo desse desejo era que o venezuelano pudesse falar de igual para igual com todo o mundo. Queríamos ter voz e ser ouvidos. Ter a certeza de que existíamos. Disse isso muitas vezes, e creio que não foi uma motivação pessoal, mas uma necessidade comum a toda a minha geração.

—— AJ Vocês queriam sair desse limbo sem história que era o país, ou o que percebiam como tal. Creio que é um sentimento compartilhado, inclusive hoje, por grande parte dos latino-americanos.

—— CCD Dias atrás, uma jovem me contava sobre sua experiência na Tate Gallery de Londres e disse: "Você não sabe a alegria, o sentimento profundo despertado em nós, quando vamos a um museu importante e deparamos com a obra de artistas venezuelanos. Isso me enche de orgulho".

Senti esse mesmo orgulho pelos venezuelanos que fizeram obras significativas e conquistaram um público espalhado pelo mundo. Será esse um sentimento reivindicativo, a nos dizer "sim, nós podemos"? Talvez, mas um sentimento patriótico não é suficiente para realizar uma obra de arte importante. Pelo contrário, esses sentimentos, na verdade, podem inspirar paixões equivocadas, extremamente perigosas e lamentáveis. As ideias que conquistam públicos e despertam interesse em pessoas de diferentes lugares do mundo são as inéditas, as obras essenciais que abrem novos horizontes para o espírito humano.

—— AJ Mas esse é um sentimento que ultrapassa o orgulho nacional. Para os venezuelanos e os latino-americanos em geral, fatos como esses podem ter um enorme peso legitimador, como se assim pudéssemos nos sentir parte da história que admiramos, redimidos e salvos. No fundo, é um sentimento colonial. É a reação de quem sempre precisou e ainda precisa da aprovação da metrópole, porque não acredita que seu próprio critério tenha validez suficiente. E isso foi o que vocês buscaram, inserir-se na corrente de uma história que consideravam universal.

—— CCD Claro, sempre disse isso. Mas o isolamento, o sentimento de marginalidade e dependência cultural da adolescência, que exaltava meu desejo de inserir-me no contexto universal das ideias, foi superado nas últimas décadas. Nós, latino-americanos, nos redimimos e entramos na história do

Ocidente sem matar ou esmagar ninguém, e o fizemos por meio da dimensão universal de nossas obras. Os pensadores, escritores, músicos e artistas latino-americanos, em todas as disciplinas, demonstraram que a arte e a inteligência não têm nem donos nem fronteiras. Sem dúvida, há um tema que os especialistas ainda estão por desenvolver. Grande parte da vanguarda, da arte de ruptura que se produziu na América Latina durante a segunda metade do século XX, desenvolveu-se do lado atlântico do país, e não do lado do Pacífico, como seria mais lógico, pois o Pacífico é o coração das grandes culturas pré-hispânicas. Esse movimento, de fato, emergiu nos países de imigração, com pouca história: Argentina, Uruguai, Brasil e Venezuela. A partir dos anos 1940, surgiu nesses países um movimento cultural que originou propostas plásticas inéditas, que hoje nos projetam no plano internacional. O primeiro movimento plástico importante a adquirir notoriedade internacional na América Latina foi o muralismo mexicano, mas eu não o classificaria como um movimento de ruptura; seria mais correto considerá-lo uma volta conceitual às formas tradicionais da pintura.

—— AJ Estamos falando de dois problemas diferentes vinculados por suas relações com a Europa. Por um lado, o sentimento de condenação histórica, que tem origem em nossa relação conflituosa com as antigas metrópoles europeias. A necessidade de sentir-se um ser humano como qualquer outro tem uma dimensão metafísica que explica em parte o sentimento profundo do qual falava a jovem que você citou. Esse sentimento tem a ver com certa transcendência de nossas vidas, com a possibilidade de que algo em nós merece salvar-se da morte representada pela queda no esquecimento. Por isso, ao ouvi-lo falar de *El purgatorio*, de Cristóbal Rojas, não pude deixar de pensar numa evidente relação. Só que essa sensação de exclusão histórica ocorre entre aqueles que, na América Latina, se sentem parte integrante da história europeia, ou da história da presença europeia na América. Faz sentido, portanto, que os movimentos de vanguarda, principalmente os que se associam à abstração geométrica, tenham nascido na costa leste da América Latina, onde o contato com a Europa é mais fluente e onde não há – ou melhor, onde há em grau muito menor – uma resistência milenar às grandes culturas pré-colombianas. Isso porque esses movimentos buscam inscrever-se na história europeia. Na América Latina, onde, ao contrário, existiram fortes culturas autóctones, predomina a necessidade de vincular-se ao passado pré-colombiano. Portanto devemos deixar de pensar no latino-americano como um ser uniforme de um lado ao outro do continente e orientado para uma única direção histórica. É indispensável estabelecer diferenças entre uns e outros, entre diversas formas de ser latino-americano e, por isso mesmo, entre diversas maneiras de se vincular ao passado.

—— **CCD Às vezes julgamos os fatos históricos pelos parâmetros éticos e morais de nossa época. O descobrimento** da América e a maneira como os europeus tomaram posse dessas terras nos parecem monstruosos, mas é preciso lembrar que a conquista e a colonização de outros territórios foram a solução encontrada pelos povos antigos para garantir suas economias e sua sobrevivência. Foi essa a dinâmica que levou ao descobrimento da América, fato que, sem dúvida, mudou a história do Ocidente. Sem querer entrar na discussão dos horrores da conquista, pode-se dizer que os europeus descobriram a existência de novos seres pensantes no planeta, com os quais se "enroscaram" provocando uma mistura imprevista e inédita de raças. Com esse fato, o Ocidente se agiganta e enriquece. Boa parte dos seres humanos que habitam esse continente é descendente direta desse fato histórico. Se eu fosse inca, asteca ou aruaque, talvez nunca tivesse sentido necessidade de fazer parte da história do Ocidente, porque teria minha própria história. O que estou tentando dizer é que não me sinto nem índio, nem africano, nem europeu: sou um produto do acontecimento imprevisto que deu origem a uma nova cultura, e que é uma parte óbvia do Ocidente. Em minha adolescência, nos meus anos de formação, eu tinha esse sentimento hesitante de fazer parte da cultura europeia, de ser parte integrante de um todo. Se eu era igual aos outros, por que tinham esquecido de mim? Por que não escutavam o que eu tinha para dizer? Esse tipo de pensamento estava em nosso inconsciente quando demandávamos representação histórica.

Agora, tentando responder à sua pergunta sobre *El purgatorio* de Cristóbal Rojas, não vejo nenhuma relação direta entre o sentimento de exclusão histórica e a temática religiosa da condenação e redenção, que está implícita no purgatório. Meus pais eram muito respeitosos do ritual cristão, mas eu nunca fui assim. Contemplar essa obra de Rojas não tinha para mim um interesse além do pictórico. Enquanto eles assistiam à missa, eu ia ao altar onde estava *El purgatorio* e passava o tempo todo olhando e analisando aquela pintura. Tinha fascinação pelo espaço, por aquele espaço sombrio que se podia sentir além dos personagens, um espaço onde parecia possível transitar, onde aconteciam coisas que eu não podia ver. Mas o que realmente me atraía era a solução pictórica, não o tema religioso.

—— AJ Pode ser apenas minha interpretação pessoal, mas eu diria que, além dos formalismos e dos esquemas recebidos de sua formação cristã, você (como Jesús Soto, acho) me parece reagir a uma espécie de mistério ateu, uma necessidade de transcendência que não admite as respostas da religião, mas que compartilha com ela a necessidade de um espaço de sentido que impregna de valor o que somos e o que fazemos, aqui e agora. Há um ponto em comum entre o misticismo de um artista barroco, e inclusive de um pintor romântico, que vê na luz a manifestação sensível de Deus, e as preocupações de Soto com a luz como energia, longe de toda conotação religiosa. Ambos sentem necessidade de encontrar uma espécie de valor transcendente, fundamental, uma razão primeira para tudo que existe. E, queiram ou não, a luz assume então uma dimensão quase metafísica, não necessariamente religiosa.

— CCD Tive uma formação cristã, mas não sou religioso. Digamos que sou um ateu venezuelano, uns oitenta por cento. Deus faz sua entrada triunfal quando chegamos ao limite de nossos conhecimentos. Ser ou não ser ateu é um assunto bastante ambíguo, porque na esfera do humano, no que fazemos e no que nos cerca, quase sempre há um sinal de algo religioso. Ou então o ser humano o transforma em algo religioso. Mas me impus a disciplina de nunca falar sobre qualquer outra coisa além da dimensão pictórica do meu trabalho. Passei muitos anos sob a influência da literatura, falando sobre conteúdo poético, sensibilidade, mitos e fantasmas humanos, e todas essas muletas que muitas vezes só nos servem para justificar ou dissimular carências de criatividade. Um discurso pictórico eficaz e autêntico é capaz de comunicar o mais profundo do espírito humano. O pintor não pode controlar a reação ou os sentimentos extrapictóricos que sua obra desperta. Constatei essa verdade muitas vezes: quanto mais eficaz é meu discurso pictórico, mais consigo comunicar o que pretendo dizer. A obra de arte é uma transmissora de informações e serve de trampolim para a mitificação em cada espectador. Uma mitificação que, como criador da obra de arte, não posso nem imaginar, nem prever. Cristóbal Rojas, com seu purgatório, não afetou meu sentimento religioso, mas me permitiu desfrutar de algo que ele mesmo certamente não imaginara.

—— AJ Mas não é preciso falar de Deus para constatar em muitas pessoas a necessidade metafísica de transcendência. Vocês, por exemplo, acreditaram ver na pintura abstrata a possibilidade de alcançar uma sincronia histórica com o resto do Ocidente, e enxergaram nessa sincronia uma espécie de salvação. Esse sentimento foi muito forte e profundo em sua geração. Não havia ali nada de especificamente pictórico.

—— CCD Todo pensamento abstrato é do mesmo teor, porque Deus é um ente abstrato. A pintura, quando abstrata, se torna criação, e a ideia de Deus está sempre associada à ideia de criação. Todas as preocupações de que falamos podem nos parecer hoje ingênuas, pretensiosas ou talvez ridículas. Mas eram assim. Havia um sentimento profundo de desesperança. Se eu conseguisse me fazer ouvir, pensava, não só salvaria a mim mesmo, mas ao país e à pintura, salvaríamos todos nós. Teríamos uma voz, e o mundo voltaria os olhos para nós. É muito difícil para as novas gerações entender as angústias que nos assaltavam naquela época, quando a comunicação era de uma lentidão inimaginável. Além disso, as circunstâncias e os interesses políticos internacionais da época eram outros. Como nação, como povo, não participávamos nem das grandes nem das pequenas decisões. Não interessávamos a ninguém, porque não tínhamos como fazer ninguém ficar rico; a riqueza estava escondida. Na escola fundamental, recitávamos as virtudes de nossa economia nacional: a Venezuela produz café, cacau, cana-de-açúcar, couro de vaca, asfalto, plumas de garça e anil. As plumas de garça eram exportadas para fazer os trajes da *belle époque* e do Moulin Rouge, em Paris. O anil servia para alvejar roupas e nada mais.

— AJ A ideia de que sua obra pudesse contribuir para o bem-estar de outros e do país inteiro tem forte relação com o que viria a se tornar um desejo de intervir nos espaços em escala urbana, com a vontade de que seu trabalho chegasse até o espectador na rua e não ficasse apenas "pendurado na parede", como se dizia.

— CCD Sou filho único, e desde criança senti necessidade da presença de outras pessoas. Nunca fui solitário. Minha mãe dizia que eu voltava da escola como o flautista de Hamelin, seguido por um cortejo de amiguinhos que iam brincar em casa. Eu os ensinava a fazer brinquedos, pipas e jornais. Compartilhar, dividir, foi um aspecto importante de minha formação como indivíduo e como artista. Nunca pensei na minha obra como um ato egoísta. Sentia necessidade de compartilhá-la.

Estamos falando de um adolescente que quer se tornar pintor e que ingressa na Escuela de Artes Plásticas de Caracas como quem entra em uma nova comunidade, onde encontra outros jovens que compartilham da mesma angústia ante a história, do mesmo desejo de realizar uma obra própria e do prazer de pintar.

Aprender a ver

— CCD Ingressar na Escuela de Artes Plásticas foi para mim como entrar num estado de euforia. Sentia um imenso prazer de estar naquele lugar. Nos primeiros meses, costumava chegar às sete horas da manhã, antes de abrirem as portas, e saía às dez e meia da noite, quando as fechavam. Era o primeiro a chegar e o último a sair. Lembro de muitas histórias engraçadas desse tempo, como a do primeiro dia de aula no curso de paisagem, quando perguntei ao professor Rafael Monasterios: "Professor, como devo fazer, como começar a pintar?". "Bem, rapaz, está vendo aquela árvore ali, aquela casinha mais pra lá? Então, pinte-as..."

Pintei minha primeira paisagem no lugar que chamavam de Sabana del Blanco, em La Pastora. A segunda paisagem fiz no mesmo local, junto com Jesús Soto e Alejandro Otero. Nesse tempo, já existiam favelas em Caracas, e, quando nos levavam para pintar El Ávila,[11] tínhamos de passar por um bairro cheio de barracos feitos de tábuas de madeira e folhas de zinco que ficava ao lado da escola. Quando não pintávamos a favela, pintávamos o cemitério De los Hijos

11 Montanha que encerra o vale de Caracas pelo norte, separando-o do mar do Caribe. Foi o tema predileto dos pintores paisagistas da chamada Escuela de Caracas, entre eles os professores de Carlos Cruz-Diez, Jesús Soto e Alejandro Otero.

de Dios, um cemitério da época colonial em ruínas que não existe mais. Creio que de tanto ver e pintar barracos me motivei a pintar a miséria humana e os dramas sociais.

Outra história importante desse tempo se deu na aula de Rafael Ramón González, que nos levara para pintar no parque El Calvario.[12] Tinha escolhido a perspectiva de uma curva onde se via a calçada e um grupo de árvores ao fundo. Eu havia apoiado o papel-cartão numa árvore, porque ainda não podia usar um cavalete. Desenhei a perspectiva e comecei a pintar o pavimento com preto e branco, para fazer um cinza. Nesse momento, Rafael Ramón se aproximou e me disse: "Como vai fazer isso, rapaz? Não está vendo esses matizes maravilhosos, esses lilases, esses verdes, azuis e rosas que estão no cinza e nas sombras?". Levei um susto danado, porque me achei completamente cego. No dia seguinte, voltei à paisagem determinado a descobrir as cores que o professor me havia indicado. O sentimento de cegueira me deixou desconcertado durante muitos dias, até que, como uma revelação, recuperei minha capacidade de ver. Eu estava vendo e, sobretudo, entendendo que não se tratava apenas de enxergar, mas de imaginar. Imaginar as cores. A partir desse momento, comecei a imaginar, a inventar, e o branco

12 Parque localizado no centro histórico de Caracas. As obras do parque começaram a ser feitas na segunda metade do século XIX, durante a ditadura de Antonio Guzmán Blanco.

e o preto do início se transformaram numa multidão de matizes. Foi um ponto de partida, o momento em que ele me fez descobrir o mundo luxurioso da cor... Eu já não via as árvores com o verde do tubo de tinta, mas com muitos verdes. Desde então, me impus a disciplina de sempre pintar em um cartão a maior quantidade possível de cores [2]. Minha intenção era começar com três ou quatro cores, especialmente as primárias. Tentei criar quinze verdes diferentes, outro tanto de vermelhos e azuis, com as poucas tintas que possuíamos. A escola nos fornecia uma quantidade muito limitada de materiais para trabalhar, e, se um dia nos davam o branco, pintávamos com branco, ou com preto. Se quiséssemos mais, tínhamos de comprar. Eu comprava as cores primárias, quatro ou cinco, e com elas montava minha paleta. Lembro-me inclusive de dar um jeito de criar uma gama de dourados, sobre os quais o professor de história da arte, Edoardo Crema, nos falava muito. Ele sempre nos falava sobre os dourados de Rembrandt, a belíssima luz dourada dos pintores flamengos e sobre os primitivos italianos, particularmente Giotto. Quando cheguei à Europa e fui ver os afrescos de Giotto em Assis, tinham acabado de restaurá-los, mas deixaram na parte inferior da direita uns fragmentos do que tinham sido antes da restauração. E lá, naqueles pequenos fragmentos, estavam os dourados de Edoardo Crema, mas eram os dourados da ferrugem, o dourado dos séculos e da fumaça das velas dos rituais cristãos.

2 *Paisaje de San Bernardino*, 1943.

—— AJ Claro, mas essa ferrugem também era o que chamamos de pátina do tempo, o que confere a uma pintura ou a um objeto antigo sua aparência característica, bela e misteriosa. É o tempo, a história, e também a distinção da história. Em todo caso, por enquanto, o interessante desse fato curioso é o impacto que causou em você; o contraste entre uma visão convencional, marcada pelo costume e pelo que pensamos saber sobre o mundo, e outra visão menos condicionada ou mais atenta à vida efêmera da cor, que é, no fundo, a visão impressionista.

— CCD Eu me pergunto se essa experiência não teve influência na formulação de minha proposta plástica. Um dos fundamentos do meu trabalho é justamente a ideia de produzir no suporte cores que não existem quimicamente. De fato, logo depois desse primeiro impacto foi que comecei a fazer experiências. Certa vez, quando eu estava pintando uma paisagem de Ávila com Soto, coloquei óculos de sol de lentes amarelas para ver se conseguia reconstituir aquele dourado que por vezes, durante a tarde, cobre a montanha inteira.

— AJ Esse desejo de aproximação com a luz dourada que recobre o monte El Ávila às tardes é significativo. No meu entender, seu interesse pelos dourados era uma expressão do desejo de banhar a paisagem caraquenha, de abrigá-la de certo modo com a monumentalidade das pinturas históricas, com a beleza da luz dourada que seu professor lhe ensinou a ver em Giotto, em Rembrandt e nos pintores flamengos. Foi uma primeira resposta plástica à sua angústia histórica.

Vocês nunca fizeram cópias dos antigos mestres? Sempre trabalharam diretamente a partir da paisagem?

— CCD Não. Durante o primeiro ano, copiávamos as réplicas de gesso das esculturas gregas e romanas que estavam nos corredores da escola. No segundo ano, pintávamos o natural, naturezas-mortas e nus. Quase todos os nossos professores eram paisagistas, como Antonio Edmundo

Monsanto, Marcos Castillo, Juan Vicente Fabbiani, Rafael Ramón González, César Prieto. Todos se referiam aos impressionistas como uma verdadeira vanguarda e viam em Cézanne o grande artista que havia desbravado o caminho a seguir. À tarde, íamos à biblioteca para ver as reproduções das obras dos impressionistas e de Cézanne, dessa vez em cores. Antonio Edmundo Monsanto e os outros professores nos falavam de sua transcendência e explicavam os ensinamentos que podíamos tirar delas. Luis Alfredo López Méndez, que também foi professor de história da arte antes da chegada de Edoardo Crema, era uma pessoa empolgante, homem culto e viajado, colecionador de arte e dotado de grande senso de humor, cheio de histórias para contar. Ele sempre nos dizia: "Faço quadros ruins e os vendo caro para poder comprar boa pintura". Com ele víamos livros sobre Monet, Pissarro, Seurat, Rousseau, Kisling, Léger, Picasso... Certa vez, Rafael Monasterios nos apresentou o trabalho de Pierre Bonnard. Enfim, o que estou querendo mostrar é que discutíamos muito sobre pintura e, mais importante, o clima dessas discussões era sempre muito cordial. Reinava uma atmosfera de agradável camaradagem entre professores e alunos. Graças a Antonio Edmundo Monsanto, a escola também era um ponto de encontro para os intelectuais da época. Além de pintores renomados, como Armando Reverón e Manuel Cabré, frequentavam a escola escritores e críticos como Eduardo Planchart, José Nucete Sardi, Julián

Padrón, Juan Röhl, Arturo Uslar Pietri[13] e Alfredo Boulton. Nós, alunos, também participávamos às vezes das conversas ou ficávamos apenas ouvindo.

Por volta de 1940-41, eu achava que meu objetivo era aprender a pintar como Arturo Michelena ou Cristóbal Rojas. Mas esses artistas que eu admirava tanto não desfrutavam do mesmo apreço entre os professores e os alunos mais adiantados da escola, que os consideravam acadêmicos tardios, artistas que tinham perdido a oportunidade de entrar na história por não terem compreendido o impressionismo, a arte de seu tempo. Talvez tenha sido essa informação que me levou a entender, muito mais tarde, que o artista tinha de inventar sua própria linguagem e ser um indivíduo do seu tempo.

—— AJ E suponho que essas conversas tenham tocado no problema da abstração.

—— CCD Sim, é claro. Falava-se de Kandinsky, de Mondrian, do construtivismo e da Bauhaus, mas as ideias do impressionismo e de Cézanne formavam o critério dominante. Até quando contemplávamos uma obra de arte que parecia interessante, era comum dizermos: "Que maravilha, tem um pouco da pincelada de Cézanne" – com o gesto típico de

—— 13 Arturo Uslar Pietri (1906-2001). Escritor e político venezuelano, autor de romances fundamentais como *Las lanzas coloradas*, de 1931. Seus ensaios de enfoque histórico e político tiveram grande influência no país durante boa parte do século XX.

esfregar o dedo polegar e o indicador como que evocando a deliciosa textura de sua pincelada. Creio que foi em 1942 que a galeria Aquavella, de Nova York, trouxe a Caracas uma grande exposição de obras clássicas, de Botticelli a Cézanne. Essa exposição nos trouxe uma grande quantidade de informações, e creio que foi ali que começou a germinar na minha geração o projeto de ir à Europa para estudar e aprender.

Toda vez que Carlos Cruz-Diez se refere ao prazer que sua geração extraía da sensualidade do pintar o faz como se estivesse falando de uma coisa que os mantinha limitados às formas tradicionais da pintura. Exatamente porque viviam apegados a essa sensualidade, a esse prazer de pintar, é que suas obras continuavam atadas às tradições em que haviam aprendido: Cézanne e, no caso, a pintura impressionista. O prazer de pintar em suas formas já realizadas os impedia de inventar e, assim, entrar para os anais da história, salvar-se. O exemplo a que Cruz-Diez recorre toda vez que deseja caracterizar esse apego às formas históricas da pintura é o dos artistas que amam tanto a pintura que nunca chegam a se desapegar de suas expressões históricas. Por isso, diz ele, esses artistas não conseguem criar um discurso próprio e sua pintura não é mais que uma série de variações – belas em certos casos – feitas com base nas obras que amam. A rejeição de Cruz-Diez à sensualidade da pintura tradicional – a mesma pela qual se apaixonara, mas que logo foi frustrada por suas primeiras experiências escolares – nos traz à lembrança outras rejeições semelhantes, como a de Marcel

Duchamp, que falava com certo desprezo do prazer olfativo do pintor ao entrar em seu ateliê, enquanto concentrava seu trabalho em um não menos sintomático desdém do trabalho artesanal. Ele "pintava" com outra cor, com a massa cinzenta... O fato é que a fase de dúvidas que o esperava após ter aprendido seu ofício é claramente marcada por um conflito entre o prazer, que o manteve preso ao passado, e a invenção que lhe permitiria ingressar na história para salvar-se. Ao ouvi-lo falar, é impossível deixar de perceber o eco de uma voz que grita de muito longe, da profundeza de uma longa tradição de rejeições significativamente similares.

AS PRIMEIRAS DÚVIDAS
Prazer e dever

— CCD Lembro dos meus primeiros meses no curso de artes visuais, quando, toda sexta-feira à tarde, mostrávamos os trabalhos que havíamos feito durante a semana. Os professores, junto com os alunos das turmas adiantadas, examinavam nossos quadros e faziam comentários. César Enríquez, que já estava no último ano do curso, passeava entre nossas paisagens, naturezas-mortas ou nus e se retirava dizendo em voz alta: "Não entendem nada... Essa gente não entende nada...". Eu me sentia muito frustrado, porque não entendia os comentários, nem sabia o que havia para entender. Tampouco entendia o que queriam dizer quando afirmavam: "Esse quadro não está terminado...", e eu o considerava terminado.

O curso de artes visuais foi para mim um período de constante descoberta. Pintar me dava grande prazer, mas eu começara a notar que os alunos mais adiantados só falavam de suas angústias e do drama que a pintura era para eles. Andavam por toda parte abraçados a livros de Gauguin e Van Gogh. Alunos como Pascual Navarro, César Enríquez e às vezes o próprio Alejandro Otero, que era o mais talentoso de todos, estavam sempre apregoando suas angústias, e acabaram me contagiando e provocando em mim grandes dúvidas. Se eu sentia muito prazer em pintar e eles não faziam outra coisa senão sofrer, havia alguma coisa estranha acontecendo comigo, pensava. Provavelmente, eu tinha escolhido a profissão errada. Mais tarde compreendi que a angústia que meus colegas sentiam tinha a ver com a difícil busca de um discurso próprio.

Em 1941, passado um ano na escola, eu estava preocupado com os esforços que meus pais faziam para financiar minha educação. Daí, pensei que talvez pudesse ajudá-los vendendo os quadrinhos de humor que eu desenhava desde criança. Os conhecimentos adquiridos na escola tinham melhorado a qualidade dos meus desenhos, e por isso pedi ao meu pai, que era colaborador do jornal *La Esfera* e amigo do diretor, para me conseguir uma entrevista com ele a fim de mostrar-lhe uma das minhas historinhas. *La Esfera* era um dos jornais mais importantes da época, e seu editor, Ramón David Léon, um jornalista famoso e polêmico. Ele ouviu minha proposta e me contratou para fazer uma tirinha diária sobre a vida de Bolívar. Durante mais de um ano, me levantava bem cedo e ia para o jornal, onde escrevia o texto e desenhava a tirinha do dia. Depois, seguia direto para a Escuela de Artes Plásticas.

Eu tinha dezoito anos, e estar trabalhando num jornal, fazendo profissionalmente o que desde criança fazia como brincadeira, gerou em mim a mesma fascinação que senti ao me inscrever na Escuela de Artes Plásticas. No fim da tarde, quando acabavam as aulas, eu voltava ao jornal e ficava lá até tarde da noite, quando as rotativas começavam a operar. Percorria as oficinas do jornal, fuçando e aprendendo, perguntando tudo o que podia aos tipógrafos. Fiz amizade com Paco Fernández de Alaña, um republicano espanhol, encarregado da oficina de fotogravura, que me ensinou tudo sobre fotomecânica. Esse período teve grande influência no desenvolvimento do meu trabalho posterior e me proporcionou muitas informações que depois incorporei à minha linguagem artística.

Dois anos mais tarde, em 1943, já me sentia um pintor formado: tinha aprendido a ver, ou seja, a desenhar. Porque saber desenhar é saber ver. Havia aprendido a lidar com as cores, e começava a abrir-se para mim um mundo novo nas artes gráficas, no jornalismo, na ilustração e na publicidade. Apesar disso, me sentia decepcionado e assolado de dúvidas.

Por isso, logo que comecei o terceiro ano, em meio a uma tremenda crise, abandonei as aulas de artes visuais (que incluíam pintura, desenho e escultura) e me inscrevi nos cursos de professorado – cujas aulas ocorriam entre as cinco da tarde e as dez da noite – visando obter o título de professor de educação artística e artes manuais, como se denominava na época. Por outro lado, eu já podia me sustentar trabalhando como designer e ilustrador em artes gráficas e publicidade.[14] Escritores e poetas amigos me pediam ilustrações, e eu fazia tiras cômicas, desenhos para revistas, jornais e anúncios publicitários. Mas não me desliguei completamente da escola e continuava pintando em casa, onde sempre tinha várias telas em progresso. A partir desse momento, comecei a pensar no tipo de discurso que devia desenvolver; foi aí que surgiram as pinturas "narrativas" sobre as favelas.

Ante a impossibilidade de alcançar a transcendência no que se chamava belas-artes ou arte pura, a grande arte, Cruz-Diez dedicou-se a uma pintura de denúncia social e de cunho nacionalista. Muitos artistas reagiram dessa maneira em diferentes momentos da vida, como os abstracionistas dos anos 1950. Quando alguns desses artistas se deram conta de que suas obras não tinham na Europa a repercussão que esperavam, abandonaram a abstração – que até

14 Entre 1944 e 1945, Cruz-Diez trabalhou como artista gráfico para as publicações da Creole Petroleum Corporation.

então condenavam por ser uma arte sem raízes nas tradições nacionais – e passaram a dedicar-se a uma pintura de caráter nacionalista. De certa forma, tratava-se de buscar a transcendência pelo cultivo da diferença, o que não é um movimento condenável por si mesmo. Lamentável é que muitos deles o tenham feito – entre os quais Cruz-Diez – como uma forma de fugir da impossibilidade de atingir a transcendência "universal" a que antes aspiravam. Foi essa a causa da crise que o levou a abandonar os cursos de belas-artes e a rejeitar sistematicamente o prazer de pintar, que condenava e pelo qual se sentia condenado.

— CCD Naquele tempo, pintar era uma fonte de prazer para mim, e a perfeição alcançada pelos artistas que eu havia conhecido na minha infância, como Tovar y Tovar, Cristóbal Rojas e Arturo Michelena, era o meu desafio. Ouvir críticas ao fato de esses pintores terem preferido a arte acadêmica ao movimento impressionista me deixou desnorteado. Consideraram deplorável que esses pintores se tivessem aferrado à pintura clássica, seguindo os passos de um pintor acadêmico como Jean-Paul Laurens, em vez de se interessarem pelo impressionismo, a grande revolução plástica da época. E me perguntei: era pecado fazer isso? Se pintar bem e aderir à tradição, como haviam feito artistas que tinham sido verdadeiros paradigmas para mim, era um equívoco histórico, então eu estava obrigado a rever todos os conceitos que me pareciam corretos.

— AJ A chave do problema está na concepção de que aderir à tradição era um equívoco histórico, e mais, um pecado.

— CCD O que ficou gravado na minha memória foi o erro histórico de não terem entendido seu tempo. Para mim foi uma grande revelação. Chegou um momento em que me senti um renegado, um rebelde sem causa. Eu criticava e renegava tudo. Até quando Cézanne? Até quando Picasso? É preciso criar um novo caminho, dizia constantemente. Ao mesmo tempo, continuava estudando com entusiasmo a história da arte e a obra dos grandes mestres do passado. Toda essa mistura de circunstâncias, descobertas e dúvidas acabou exacerbando minha crise, mas me proporcionou as ferramentas que mais tarde me permitiriam superá-la. Por exemplo, à medida que minha cultura sobre artes plásticas foi se enriquecendo, interessei-me pela arte flamenga, que é um dos grandes momentos da arte universal. Comprei livros sobre a obra de Pieter Bruegel, Hieronymus Bosch, Hans Memling, Jan van Eyck, Rogier van der Weyden, e até experimentei algumas de suas técnicas de trabalho, que logo utilizei em quadros e paisagens do período entre 1947 e 1950.[15] São feitos de têmpera sobre uma

15 Suas primeiras pinturas "narrativas" de cunho social e politicamente engajado datam de 1948, segundo os registros atuais da Fundación Cruz-Diez. Isso está, sem dúvida, ligado à legalização do Partido Comunista venezuelano em 1945 e ao fato de seu amigo, o poeta Aquiles Nazoa, ter-se filiado ao partido em 1946.

base de estuque, à maneira da pintura flamenga. Em plena crise de rebeldia, eu me dizia que tinha de pintar de outra maneira. Se todo mundo pintava com tinta a óleo, eu pintava com outras técnicas.

—— AJ Você se lembra de uma obra específica que tenha lhe deixado uma impressão especial?

—— CCD As que mais me interessavam eram as cenas da vida popular: os bailes, os almoços nos povoados e, muito especialmente, as parábolas. Fiquei tão impressionado com o *Cristo crucificado*, de Matthias Grünewald, que fiz uma versão de sua crucificação [3].

—— AJ O que o fascinou tanto nesse *Cristo crucificado*?

—— CCD A dramaticidade foi o que mais me interessou, talvez porque sempre ouvi meu pai falar sobre o drama venezuelano. Como era possível, perguntava a mim mesmo, que um país com tantos recursos tivesse tanta miséria? Isso era para mim motivo de grande inquietação, e me sentia comprometido com essa realidade. Mas não me motivava militar em um grande partido político. Nunca aceitei as exigências da militância. Se você milita em um partido, como o Comunista, deve ser obediente, me diziam, mas sempre defendi a independência do artista e a incapacidade para a obediência, para seguir caminhos traçados por outros.

—— AJ Além disso, me parece óbvio que os temas com os quais você lidava, e seus modelos plásticos, nem sempre seriam agradáveis aos olhos da ortodoxia marxista. Estou

3 Matthias Grünewald, *Cristo crucificado*, 1944.

pensando, por exemplo, em seu *Adán el chichero*,[16] de 1950 [4]. Mais que uma clara referência à Bíblia, era uma referência plástica direta a um grande artista religioso, Lucas Cranach. Na realidade, mesmo que esse quadro tenha sido feito com o ímpeto da rebeldia, você continuava trabalhando dentro dos critérios do nativismo venezuelano. Sua intenção continuou sendo dar ao venezuelano uma dimensão universal, especialmente em suas manifestações mais humildes, o que você fez equiparando os temas latino-americanos aos grandes temas da pintura religiosa ocidental.

—— CCD Sim, mesmo quando minhas cenas careciam da dimensão religiosa dos seus modelos plásticos e os personagens eram caricaturais, mas a composição da obra era muito benfeita e a intenção bastante clara. A composição de *Adán el chichero*, com toda sua simplicidade, é exatamente igual à do *Adão e Eva* de Cranach. O espaço central é ocupado pela árvore de sempre, mas a serpente da cena bíblica é um lagarto, um réptil muito comum e temido na Venezuela. Em vez de animais europeus, esse Adão e essa Eva estão cercados de animais tropicais, uma *paraulata*, um periquito... Hoje eu não teria pintado, é claro, mas não é fácil desprender-se das

16 *El chichero* é um personagem popular venezuelano, vendedor ambulante de *chicha*, uma bebida que, em Caracas, é doce e cheia de arroz cozido e leite. A *chicha* andina, por sua vez, é de origem pré-colombiana, preparada com milho moído e fermentado no suco de abacaxi.

4 *Adán el chichero*, 1950.

tradições estabelecidas. O mais importante, porém, foi o estudo constante a que me submeti.

Li muito a respeito dos artistas flamengos e barrocos, e isso não pode ter sido completamente inútil. Talvez venha daí a maneira como organizei meu ateliê com o passar do tempo. Os artistas daquela época exerciam seu ofício como uma criação total. Fabricavam seus pigmentos, preparavam os suportes, seus painéis, e trabalhavam em equipe com seus discípulos, sua família; tinham inclusive um local em sua própria casa para vender as obras. No meu caso, acho que ocorreu uma situação similar. Apesar de levar uma vida de trabalho intenso e de compromissos inadiáveis, como são os da publicidade, das ilustrações para jornais e revistas, mais a atividade de professor e a necessidade de fazer minha própria pintura, eu adorava festas, sobretudo as serenatas. Sempre fui apaixonado pela música, tinha muitos amigos músicos, entre eles Alfredo Sadel – que trabalhou comigo na McCann-Erickson –, Juan Vicente Torrealba,[17] René Rojas e, logicamente, Jesús Soto, com quem eu saía para fazer serenatas. Nesse mundo de trabalho intenso, música e garotas bonitas, conheci Mirtha. Ela pertencia a uma família tradicional da paróquia San José, onde todos cantavam e fa-

17 Juan Vicente Torrealba (n. 1917). Compositor e músico popular venezuelano, autor de peças muito conhecidas para harpa, como *Concierto en la llanura*, *Rosario*, *La potranca Zaina*, *Madrugada llanera* e *Sabaneando*.

ziam música. Entre uma serenata e outra, consegui seduzi-la com um projeto em que a vida e a arte eram uma coisa só. Pensei assim: se os artistas do século XVII podiam viver dessa maneira, talvez o esquema funcionasse também no século XX, atualizando-se alguns parâmetros quando necessário. Desde então, Mirtha, depois nossos filhos e agora nossos netos participam desse mundo, colaborando na produção de obras e na administração das oficinas. Eu me lembro de quando, no início desse projeto de vida, muitos amigos vaticinavam que seria um rotundo fracasso. Naquela época, as pessoas costumavam desancar o conceito de família por considerá-lo reacionário, profundamente burguês e ter implicações religiosas. Mas, com o passar do tempo, e tendo em vista a evolução da sociedade e das ideologias, só posso indagar: como se podem criar e desenvolver noções tão abstratas quanto as de pátria e respeito aos nossos semelhantes, se na base da estrutura que dá origem à sociedade não se estimula o amor, o espírito de colaboração e a dependência entre seres humanos? Para minha família e meu trabalho, segui um modelo de organização que se assemelha ao dos artistas flamengos, e acho que funcionou.

Cruz-Diez certamente viu nesses artistas um exemplo do que devia ser feito para chegar à independência que almejava ter com relação à arte europeia. Os pintores flamengos que foram capazes de criar uma arte própria, a despeito do modelo sufocante do

Renascimento italiano, funcionaram para ele como um exemplo do que se podia e devia fazer na Venezuela. De resto, sua atitude é perfeitamente coerente com essa primeira tentativa de recobrir a paisagem da Venezuela com a luz dourada dos flamengos, quando punha lentes amarelas nos óculos a fim de captar os tons dourados do Ávila. No fundo, ele continua a perseguir o mesmo objetivo, mas recorrendo a outros métodos. Era como se buscasse colocar no mesmo nível as cenas modestas extraídas das favelas de Caracas e as cenas da pintura flamenga, que também eram cenas da vida cotidiana, mas historicamente prestigiadas.

—— CCD Me fascinava a autonomia que os ateliês flamengos representavam: a liberdade, a independência, não depender de ninguém para fazer uma obra total. E mais, sua originalidade me deixava impressionado, pois os trabalhos não se pareciam com a pintura que se fazia na Europa naquele tempo. Eram artistas que refletiam sua época e estavam profundamente ligados à sua história e à sua terra. Eu me perguntava se aquele não seria o caminho que devia escolher para ser autêntico e expressar meu tempo. Denunciar os problemas que eu via e vivia diariamente, e que ninguém solucionava, era um dever historicamente correto e, assim esperava, uma solução plástica historicamente válida.

—— AJ Você não foi o único a pensar assim. Os muralistas mexicanos, que tiveram tanto impacto na América Latina, pensaram da mesma maneira.

— CCD Era a necessidade de elaborar um discurso original, que nos pertencesse, que tivesse uma significação social e humana, e que refletisse a injustiça que estava diante dos meus olhos. Para mim, era urgente encontrar um discurso visual original, assim como era urgente refletir a realidade, a injustiça que estava diante dos meus olhos. Eu desejava alcançar a perfeição técnica dos flamengos, queria pintar os dourados e os violetas do Ávila. Tudo isso me interessava ao mesmo tempo. É muito difícil explicar e fazer entender a profundidade de todas essas motivações. São processos dolorosos de avanço e recuo, que não evoluem de maneira linear.

Também cabe lembrar que, para a arte venezuelana daquele momento, foram muito importantes as exposições de Héctor Poleo,[18] no Museo de Bellas Artes em 1941, e de Alejandro Otero, com suas *Cafeteras*, em 1949. Essas duas exposições nos trouxeram uma informação diferente da que tínhamos recebido até então. Poleo havia chegado do México com informações sobre os muralistas mexicanos, o que se tornou um grande acontecimento para nosso mundo exclusivamente cezanniano. *Paisaje de Los Andes* revelou a todos nós, alunos da Escuela de Artes Plásticas,

18 Héctor Poleo (1918-89). Um dos iniciadores da pintura social venezuelana influenciada pelo muralismo mexicano, no começo dos anos 1940. Depois da Segunda Guerra Mundial, começou a fazer uma pintura de caráter surrealista; no final de sua carreira, inclinou-se a trabalhos mais abstratos e decorativos.

que era possível pintar paisagens de maneira diferente da de Cézanne. Com um desenho preciso, de formas cheias, com frotagens e velatura muito finas. Um quadro como *Los tres comisarios* é um marco na pintura venezuelana que ninguém pode negar. A exposição de Alejandro Otero, por sua vez, nos trouxe o debate acerca da contemporaneidade. Perdemos a timidez e compreendemos que era possível pintar com liberdade outras temáticas além da paisagem. Essa exposição, juntamente com o jornal *El Nacional*, o primeiro a criar uma página de arte, marcou o advento de uma nova era na cultura da Venezuela e ajudou a popularizar a informação plástica não acadêmica. Antes do *El Nacional*, os periódicos não tinham nem crítica nem páginas de arte. Havia uma seção chamada "Sociales e Personales", na qual se publicavam notícias sobre eventos sociais com amplos espaços para fotografias e pequenas notas. Num cantinho ao pé da página, em poucas linhas, anunciavam, por exemplo, que Manuel Cabré havia pendurado paisagens muito bonitas nas paredes do Clube Venezuela.

— AJ Mas, se a exposição de Poleo forçou-os a encarar a obra de quem era um mestre para todos vocês, a de Alejandro Otero os colocou diante da obra de um colega um pouco mais velho.

— CCD É verdade. Poleo já era um mestre consagrado. As obras de Otero nos ofereciam soluções para romper com a influência de Cézanne. Além disso, tinham a virtude de nos estimular a sair do país em busca de outros horizontes e a entrar na contemporaneidade. Todos concordaram que viajar para a Europa era absolutamente necessário, e os que puderam foram. Não fui porque, naquele momento, estava cometendo muitos erros, um atrás do outro, em minha busca por uma pintura socialmente engajada.

—— AJ Pedro León Castro também foi um grande admirador dos pintores flamengos... Ele teve influência no trabalho de vocês?

—— CCD Pedro León Castro e também Gabriel Bracho e César Rengifo faziam uma "pintura engajada" e eram militantes do Partido Comunista. Eu pretendia fazer uma pintura engajada sem estar comprometido com ninguém. Nunca militei em partido algum, embora a maioria dos meus amigos fosse comunista e *adeca* [filiados à Acción Democrática]. Para ser militante, era preciso obedecer à linha do partido, acatar ordens, e minha atitude estava mais para a do empresário. Nunca gostei de receber ordens.

Como tantos venezuelanos, sempre conversava e discutia sobre política sem exercer nenhuma militância. Meus melhores amigos eram escritores, poetas e jornalistas, como Alfredo Armas Alfonso, Aquiles Nazoa e Pedro Francisco Lizardo. Também tinha amigos no grupo Contrapunto, do qual participavam José Ramón Medina, Benito Raúl Lozada e Andrés Mariño Palacios. Passava horas percorrendo as favelas de La Charneca ou do Observatorio Cajigal, junto com Aquiles Nazoa, tirando fotografias e fazendo esboços do que observava, em busca de alguma coisa que pudesse usar como tema para um quadro [5]. E lá estavam os mesmos problemas que existem hoje: desigualdade social, injustiça, condições precárias de saúde, e pobreza. Com esse material, concebi e estruturei os quadros *El papagayo verde* [6], *La loca del barrio*, *El velorio*, *Las aguadoras* e outros. Ainda conservo muitos negativos fotográficos dessa época e inclusive de datas anteriores, porque desde criança gosto de fotografar. Aos quinze anos, fabriquei minha própria máquina fotográfica para tirar fotos de minuto. Daquele tipo clássico de câmera usado em ruas, feiras e praças, no qual os negativos eram de papel e a revelação e as cópias eram feitas no local, enquanto o fotografado esperava.

Mas as minhas dúvidas persistiam e até aumentavam a cada informação nova que eu recebia. Lembro que, no fim dos anos 1940 e início dos 1950, eu começava a pintar com muito entusiasmo, mas à medida que a pintura avançava me entristecia, e muitas vezes a abandonava, deixando-a inacabada [7]. Tudo terminava numa grande desilusão. Era uma sensação muito ingrata, porque me sentia pintor, era isso que me sentia capaz de fazer, mas tinha a sensação de que o que eu estava pintando não era exatamente o que devia fazer. Era uma dinâmica inconsciente, uma força interior que me dizia: "Você está fazendo errado...", mas não conseguia parar.

—— AJ Terrível é o contraste entre a consciência histórica que lhe impunha a necessidade de fazer pinturas que, no

5 Aquiles Nazoa na favela Observatorio Cajigal. Foto de Carlos Cruz--Diez, 1945.

fundo, você não queria, que eram uma caricatura do que na verdade você gostaria de fazer, e sua renúncia ao imenso prazer que lhe proporcionava o ato de pintar. Foi isso que deu origem à força com a qual, mais tarde, você se opôs à sensualidade do pintar. Assim como martirizar o corpo para controlar seus apetites.

6 *El papagayo verde*, 1949.

7 *La loca del barrio*, 1947.

—— CCD Eu gostava de fazer esses quadros, fazia-os com paixão e sinceridade. Mas sentia um profundo mal-estar interior.

—— AJ Estando tão próximo do mundo dos escritores, é razoável supor que alguns o tenham influenciado consideravelmente, não?

—— CCD Havia muitas motivações, porque muitos fatores estavam envolvidos: a política, a literatura latino-americana, o existencialismo francês, Aldous Huxley – o escritor inglês que teve tanta influência naquela época com seu livro *Contraponto*, que inspirou a formação do grupo literário de mesmo nome, para o qual fiz desenhos e ilustrações. André Gide, Franz Kafka, Martin Heidegger, Jean-Paul Sartre. Depois, o romance do argentino Eduardo Mallea, *Todo verdor perecerá*, despertou grande interesse em escritores como Alfredo Armas Alfonso, Andrés Mariño Palacios e Adriano González León. Havia também Aquiles Nazoa e seu grupo de amigos comunistas, que lutavam por uma mudança política, pelas reivindicações sociais, por igualdade e justiça para o país.

O FUTURO DA PINTURA

A arte abstrata

—— AJ A importância exagerada que muitas vezes se atribui à cronologia na história da arte afirma que a abstração na América Latina surgiu em primeiro lugar na Argentina, depois no Brasil e, enfim, na Venezuela. Disso se deduz automaticamente a existência de uma cadeia de influências que teria levado, com base no exemplo argentino, ao aparecimento da abstração geométrica em outros países da região. No caso da Venezuela, por exemplo, é possível citar a mostra do grupo argentino Arte Concreto-Invención no Taller Libre de Arte, em 1948, como a primeira exposição de arte abstrata realizada no país. A mostra ocorreu um ano antes da exposição em que Alejandro Otero apresentou sua série de *Cafeteras*, fato que é geralmente citado como o início da abstração na Venezuela.

Entretanto, nem o testemunho dos artistas abstratos venezuelanos, nem a nossa historiografia da arte atribuem à mostra do Taller Libre de Arte um papel histórico determinante. Essa exposição deixou em você uma impressão relevante?

—— CCD **Não muito, porque minhas reflexões naquele momento estavam muito ligadas aos problemas sociais. Tampouco acho que tenha tido influência nos outros artistas, porque a visão impressionista era dominante na pintura. Penso que foi a exposição das *Cafeteras* de Otero, em 1949, que, na realidade, ampliou o panorama. O Taller Libre de Arte foi importantíssimo para nosso desenvolvimento, uma espécie de brisa de ar fresco na atmosfera cultural em que vivíamos. O entusiasmo gerado por suas exposições nos estimulou a pesquisar e a inventar. Tanto assim que, para as exposições seguintes, nos sentíamos na obrigação de apresentar uma solução diferente.**

—— AJ Isso é uma parte do que eu queria assinalar: que, apesar de anterior à exposição de Otero, não foi a mostra dos abstratos argentinos que estimulou uma mudança radical em sua geração, salvo no caso de uns poucos artistas. O que realmente marcou sua geração e levou um grande número de jovens artistas a seguir o caminho da abstração foi a exposição de Otero, foi a obra de um venezuelano que chegara da Europa. E isso não tinha nada a ver com nacionalismo. Não é que se pretenda ignorar a influência de um país vizinho, mas os processos de legitimação histórica vigentes naquele tempo orientavam seus contemporâneos, assim como os argentinos, para a Europa, a única fonte legitimadora.

—— CCD Pode ser, mas o meu caso era diferente, já que nessa época eu não estava interessado na abstração. Continuava pintando, fazendo experiências em busca de algo que fosse minha forma de expressão e tivesse algum interesse. Soto tinha se mudado para Paris, e César Enríquez se dedicava ao cinema por não ter encontrado um discurso por meio da pintura. Os dois amigos com os quais podia falar a sério sobre arte não estavam mais por perto. Pouco a pouco, minha insatisfação com o que eu vinha fazendo foi aumentando. No final do ano de 1950, Jesús Soto me enviou uma carta de Paris, em que falava de Mondrian, da revelação que a obra do holandês tinha representado para ele, de sua importância para a evolução da arte. Disse que ali estava o futuro da pintura, que o caminho passava por Mondrian. Essas observações de Soto só fizeram aumentar minhas dúvidas e minha crise. Até então, eu não compreendia a arte como invenção de uma linguagem, mas como um testemunho de minha percepção sobre o mundo e como um problema de perfeição técnica. Pintar bem era importante para mim. A pintura de Mondrian me parecia uma forma de expressão fria e distante da realidade social, como me diziam os poetas. Se isso é a arte do futuro, onde fica o ser humano?, eu me perguntava. A concepção tradicional e literária da pintura sempre me era imposta. Em minha biblioteca, havia livros sobre Mondrian e eu os folheava, mas o esquema mental que forjara para mim mesmo tornava difícil aceitá-lo. Um dos quadros que melhor expõe o grau de confusão em que eu estava se intitula *Tambor redondo*, de 1952. Combina as estruturas do estilo de Mondrian com um grupo de tocadores de bumbo em Barlavento. É uma obra completamente ingênua, em que eu tentava fazer um compromisso impossível. É claro que não estava entendendo nada, mas o aspecto positivo era o questionamento e a inconformidade que aos poucos me ajudaram a compreender o fundamental.

Depois, a informação mais importante que recebi foi a obra de Carlos Raúl Villanueva e suas experiências na Universidad Central de Venezuela, e a exposição de pintura abstrata na galeria Cuatro Muros, em 1952. Nessa exposição, tive a oportunidade de ver trabalhos de pintores que não conhecia, como alguns artistas europeus e as primeiras obras abstratas de Soto. A partir de 1953 e 1954, estimulado pelas novas informações que chegavam da Europa, comecei uma série de projetos abstratos.

— AJ Em algumas dessas primeiras experiências, ainda muito tímidas, é possível perceber claramente a influência das obras e dos artistas que mais o impressionaram. Algumas peças lembram as colagens ortogonais de Otero, outras as composições com pontos e linhas que muitos de vocês produziram nesse período [8 e 9].

8 *Collage nº 106*, 1954.

CCD As composições com pontos e linhas, em especial, provêm de Georges Koscas, pintor francês de origem tunisiana que teve grande influência no grupo Los Disidentes, inclusive em Soto. Eram formadas por pontos ou círculos ligados entre si por linhas retas, como uma rede de pontos. Mas essas obras com círculos, especialmente as que fiz em relevo, remetem também a Sophie Tacuber-Arp, que apresenta estruturas similares. Só que, no meu caso, e nos projetos murais de 1954, como *Proyecto para un mural exte-*

9 *Collage con líneas*, 1954.

rior manipulable, não eram simples composições de pontos, mas de estruturas que começavam a se orientar no que viria a ser minha preocupação principal, lançar a cor no espaço por meio da luz refletida.

—— AJ Quando você fez esses projetos murais manipuláveis, já conhecia as obras manipuláveis de Yaacov Agam?

—— CCD Não, não conhecia, e também não tinha ouvido falar de Jean Tinguely ou de Pol Bury. Somente conhecíamos Victor Vasarely. Não tínhamos sequer visto as peças mais recentes de Soto. Na exposição dos Cuatro Muros havia um Soto, mas era uma pintura de linhas pretas curvas.[19] Só fui conhecer o trabalho cinético dele durante minha primeira viagem a Paris, em 1955. No *Muro de cilindros excéntricos manipulables*, de 1954, não havia a intenção de fazer uma obra cinética, porque eu não tinha a menor ideia da existência desse movimento. Havia sim um objetivo social, na esperança de que os despossuídos pudessem participar. Assim, em vez de continuar fazendo meus quadros e mostrar-lhes a pobreza em que viviam, decidi oferecer-lhes a oportunidade de enriquecer seu espírito participando da arte.

—— AJ A Coleção Patrícia Phelps de Cisneros tem uma dessas peças, feita com uma série de cilindros em verde, azul, vermelho e amarelo, mas não inclui nenhuma possibilidade de intervenção por parte do público [11].

—— CCD Minha intenção ao fazer essa peça foi dar animação ao plano para que as cores se refletissem sobre o fundo obtendo a radiação da cor ao redor dos cilindros. É um problema que se originou de uma pesquisa iniciada em 1954 e já apresentada em minha primeira parede, na qual usei tiras de madeira e pintei cada lado com uma cor diferente. A finalidade era prender de algum modo a cor que se refletia no fundo branco da parede. Essa obra está agora na coleção do Centre Georges Pompidou: *Primer proyecto para un muro*

19 Trata-se das *Composiciones dinámicas*, de 1950-51.

10 *Primer proyecto para un muro exterior*, 1954.

11 *Proyecto para un muro exterior*, 1954-65.

exterior, de 1954 [10]. São planos em relevo que se cruzam: um tem um lado verde, outro vermelho, outro amarelo etc. Minha intenção foi criar um acontecimento em que as pessoas pudessem ver uma mudança de cores conforme passassem por elas, da direita para a esquerda ou da esquerda para a direita. É um trabalho que precede uns cinco anos a proposta básica das *Fisicromías*, que é transformação da cor no tempo e no espaço. São maquetes de obras de evidente objetivo social, pensadas numa escala urbana para que as pessoas pudessem participar. Mas naquele momento ninguém teria ousado me encomendar um mural. O único lugar onde consegui mostrá-las foi no Salão Anual do Museo de Bellas Artes.

—— AJ E, apesar disso, a crise não arrefeceu.

—— CCD As dúvidas continuavam, porque eu não conseguia conciliar o lado humanista com a invenção artística. Mas um dia o horizonte começou a clarear e comecei a entender... que o homem apenas guarda e conserva como referência no tempo as coisas que contribuem como algo inédito, capaz de enriquecer o espírito e ampliar o conhecimento. Partindo desse critério, voltei a folhear os livros de história da arte e me detive na obra de Diego Velázquez e dos artistas de sua época. Queria descobrir como seria possível inovar em um contexto em que a noção de ruptura não estava em jogo. Todos esses artistas eram excelentes pintores e pintavam da mesma maneira, mas em Velázquez havia claramente outra reflexão. Com os mesmos recursos da pintura do seu tempo, ele tinha inventado outra maneira de expressar o espaço pictórico. Em seu discurso, havia algo essencialmente plástico que modificava e abria novas soluções para a arte da pintura. Um por um, comecei a procurar os mecanismos de ruptura em artistas que antes não me haviam interessado: Piet Mondrian, Wassily Kandinsky, Kasimir Maliévitch... As coisas mais simples às vezes exigem os maiores esforços. Estou falando de experiências que vivi em 1953 e que são anteriores aos projetos murais de que estamos tratando.

Daí em diante, me senti comprometido com a invenção do meu próprio discurso. Isso me exigiu um esforço de disciplina e raciocínio para que eu conseguisse controlar os hábitos tradicionais que havia adquirido na pintura, sem abandonar o aspecto afetivo. Minha preocupação era fazer uma obra que lidasse com algo inédito, algo que outros artistas não tivessem abordado e que não figurasse ainda nos livros de arte, mesmo que fosse uma pequena contribuição e sobrevivesse em um único quadro. Lembro-me de quando visitei a Pinacoteca de Munique, em 1955, com minha mulher, Mirtha, e vimos uma obra muito pequena, de um pintor anônimo. Era um artista do qual se conhece apenas uma paisagem com a Virgem e um passarinho. E, no entanto, disse a Mirtha, sem essa obra as paisagens revolucionárias de Joachim Patinir possivelmente não teriam existido.

Eu havia empreendido uma aventura racional e intelectual desprovida de sentimentalismos e influências literárias. Não sabia aonde ia chegar, nem se seria capaz de levá-la a bom termo, mas havia descoberto algo fundamental que iria orientar minhas reflexões: que o mundo da cor é o mundo da afetividade. Por que você ama determinado vermelho? Por que esta ou aquela harmonia de cores, ou um entardecer, produzem alegria ou euforia em mim? Essas atitudes e opiniões não são racionais, são afetivas. Então me convenci de que, se aprofundasse meus conhecimentos sobre a cor, talvez pudesse criar uma obra inédita. Revelar a afetividade que o mundo cromático libera poderia significar que tudo o que eu viesse a criar dentro dos parâmetros desses conceitos conteria a dose de humanidade que eu buscava. Em outras palavras, a confusão temática, social e literária em que havia me enredado por tanto tempo de repente se desanuviou. Importante era fazer corretamente o que devia ser feito, o que me exigia o momento histórico.

—— AJ Essa noção de dever que se sobrepõe à vontade, ao que se gostaria de fazer, sempre aparece... O que significa a ideia de "fazer corretamente o que devia ser feito"?

—— CCD Eu tinha errado tanto, durante tanto tempo, andando por caminhos errados, que sentia necessidade urgente de estabelecer critérios sólidos para levar a cabo a ideia utópica de acrescentar algo à história da arte. Era uma espécie de obrigação histórica, geracional, de pesquisar até encontrar alguma coisa inédita que não estivesse nos livros de arte. Eu precisava achar novos caminhos, fazer o que outros artistas tinham feito, trabalhar com conceitos e materiais que não fizessem parte do domínio da arte, nem refletissem hábitos, gostos, maneiras do meu passado pictórico. László Moholy-Nagy, por exemplo, havia criado um novo discurso plástico usando materiais e técnicas industriais que não pertenciam ao campo da arte. Jean Arp revolucionou o desenho e a forma com um desenho irracional que provinha do inconsciente.

Essa tomada de consciência histórica deve parecer anacrônica para um artista europeu de hoje. A ideia da invenção, de não repetir o que outros fizeram no passado, é óbvia. Recordo que Soto, pouco depois de regressar da Europa, me contava sobre as conversas que tinha tido com Tinguely sobre a obra de Mondrian e a descoberta que esse fato havia representado para ele. "Bom, e daí?", respondia Tinguely, porque, do ponto de vista dele, as obras de Mondrian já tinham sido estudadas e pertenciam ao passado. Essas são as sequelas da dependência cultural. O tempo que passei na Escuela de Artes Plásticas me ensinou a ser um pintor honesto e bom, nunca ouvi ninguém dizer que o objetivo era inventar a arte.

A LIBERAÇÃO DA COR

Libertar-se pela cor

—— AJ Sua análise da arte e o resultado de seu período de introspecção levaram-no a identificar a cor não só como uma fonte de prazer, mas como um elemento que lhe oferecia a possibilidade de completar um processo histórico inconcluso. A cor ainda esperava por uma solução visual capaz de lhe dar a independência que fora anunciada nas obras dos artistas que o precederam.

—— CCD Essa foi e continua a ser minha plataforma. O que realizei até agora é resultado de um longo e complexo processo de análise histórica, e de conhecer a mim mesmo, minhas limitações e possibilidades, sem mentiras nem poses.

Foi um processo que envolveu toda a minha experiência pessoal, desde as mais remotas lembranças da infância, e no qual sempre constatei o mesmo prazer ante os fenômenos da cor. Recordava-me dos conselhos que recebi durante os anos em que estudei na Escuela de Artes Plásticas: na arte é impossível mentir, porque tudo que é falso é detectado de imediato.

Lembro das minhas primeiras experiências com a cor, entre elas algumas que ocorreram na cidade de Guarenas, entre 1934 e 1935. Meu pai era farmacêutico e químico, e tinha aberto uma pequena fábrica de xaropes e bebidas gasosas. A fábrica e a residência se localizavam numa dessas grandes casas coloniais de vários pátios. No último pátio, meu pai construiu um depósito cheio de prateleiras com janelas atrás. Lá, ele colocava todas as garrafas cheias de substâncias vermelhas, amarelas e verdes. Quando o sol entrava pela janela, as garrafas funcionavam como lentes ou prismas que projetavam as cores no piso. Até hoje me lembro do prazer que sentia ao olhar os reflexos no chão e no meu corpo. Outra experiência que recordo com imenso prazer aconteceu um pouco mais tarde. Eu devia ter então treze anos. Morávamos entre Soledad e Acevedo em La Pastora, e meu pai tinha me ensinado a fazer pipas, que também chamam de papagaios. Algumas eram quadradas, outras triangulares ou trapezoides, mas o que me fascinava era quando a pipa subia no ar e as cores, vistas de longe, ficavam transparentes. Aqueles rosados, amarelados e alaranjados eram diferentes das verdadeiras cores do papel de seda com que fabricávamos as pipas. Uma das minhas combinações favoritas era laranja com azul, ou talvez verde-azulado.

—— AJ Não é difícil perceber, além disso, a forte presença dessa harmonia tanto em sua obra figurativa como na abstrata. É evidente que essas primeiras experiências o marcaram para sempre e passaram a fazer parte do que Roland Barthes chamou de história biológica do indivíduo – algo que se manifesta na forma de um estilo pessoal, uma tendência da pessoa a privilegiar determinadas séries cromáticas ou combinações formais características.

—— CCD Elas se tornam elementos constantes da personalidade contra a qual é preciso lutar; é isso que tento fazer em grande medida, buscar a eficácia da cor como fato independente do gosto pessoal. Mas minha introspecção desse período não visava identificar esses traços de estilo para depois aplicá-los em minhas obras. O objetivo era determinar até que ponto era autêntica a minha experiência ante o fenômeno cromático. Nesse processo, constatei que o prazer que senti ao ingressar na Escuela de Artes Plásticas estava em boa parte associado ao uso da cor. Reproduzir a cor das coisas e o esforço que eu fazia para combiná-las a fim de me aproximar melhor do que estava vendo me davam uma enorme satisfação.

No entanto, minhas autoanálises não se limitaram a essas primeiras recordações. Também especulava sobre minhas possibilidades de fazer uma pintura diferente. Eu desenhava, e gostava de desenhar, mas sabia perfeitamente que jamais conseguiria chegar à perfeição e à beleza dos artistas maneiristas ou barrocos. Mais ainda, julgava que tudo já tinha sido feito no desenho, e, se a questão era revolucionar, tinha a impressão de que esse capítulo já tinha se encerrado entre Picasso e Arp. Mas eu me sentia capaz de dominar a cor. Assim, compreendi que, se quisesse encontrar um mundo onde eu pudesse ser profundamente autêntico, esse mundo teria de passar pela cor. Foi um processo reflexivo totalmente racional.

Trabalhando com a cor eu me sentia autêntico, de modo que, se conseguisse descobrir alguma coisa que ninguém tivesse experimentado antes, conseguiria construir um discurso plástico não só profundo e sincero, como significativo do ponto de vista histórico. Decidi então ler e estudar o máximo possível sobre as teorias da cor. Em 1951, eu já tinha lido Goethe; depois, as teorias de Thomas Young, Maxwell, Chevreul, as teorias que Josef Albers e Johannes Itten elaboraram para a Bauhaus, Paul Klee... Li também muitas teorias da física sobre a cor, como a de Newton, e, já numa fase final, as teorias industriais, como as de Edwin Land. Eu tinha feito amizade com alguns técnicos de processos gráficos e conhecia bem as técnicas de fotomecânica e fotogravura. Sabia como se fazia uma seleção de cores e conhecia todas as teorias tricrômicas, associativas, aditivas e outras que eram usadas nas gráficas. Dominava bem essas teorias, tanto do ponto de vista teórico como do prático ou técnico. Tanto assim que eu fazia as ilustrações para o jornal *El Nacional* usando retículas transferíveis. Eram malhas de pequenos pontos pretos, chamadas retículas Benday, medidas em porcentagens das telas. Por exemplo, para fazer um verde-limão, usava-se uma malha preta a cinquenta por cento que, impressa, produzia um azul, e outra a cinquenta por cento que faria um amarelo. Fazia todas essas ilustrações sem sequer olhar as cores; fazia tudo em preto e branco, porque eu conhecia exatamente o resultado que ia obter depois de imprimi-las.

—— AJ Parece claro que, quando você começou a entrever a possibilidade de fazer um trabalho no campo da abstração, surgiu-lhe também a necessidade de ir para a Europa, sobretudo Paris, onde já estavam morando seus colegas da Escuela de Artes Plásticas, especialmente Jesús Soto. No entanto, em sua primeira viagem à Europa, em 1955, você foi à Espanha e se instalou no vilarejo catalão de El Masnou. Foi aí que você começou a série de *Parénquimas*, uma obra abstrata, mas fortemente orgânica, que contrasta muito com suas primeiras experiências de 1953-54.

—— CCD Sim. Masnou é um pequeno povoado a doze quilômetros de Barcelona, hoje integrado à cidade. Permanecemos ali um ano e meio, até meu retorno a Caracas. Instalei-me em Masnou porque achei que precisava de um tempo para me preparar, aprender francês etc., antes de me mudar para Paris. Eu tinha levado comigo Mirtha e nossos dois filhos. O navio chegou a Barcelona, mas, em vez de viajarmos a Paris, ficamos lá. Masnou era um vilarejo sossegado e me pareceu conveniente para minhas necessidades. Eu precisava de um tempo para pensar, porque vinha de Caracas, onde fazia tantas coisas que não me sobrava tempo para fazer o que mais me interessava: ler e experimentar. Masnou me ofereceu a calma de que eu precisava naquele momento.

As *Parénquimas*[20] são obras compostas de formas orgânicas; parecem radiografias de um osso ou de uma estrutura vegetal [12]. A primeira obra da série me apareceu em um sonho. Eu tinha acabado de comprar vários livros sobre o problema da cor e estava realmente saturado de informações. Uma noite sonhei com essas espécies de tecidos orgânicos que são similares aos do olho, e me recordo de vê-las em muitas cores. No dia seguinte, quando me levantei, me propus pintar situações semelhantes. Ainda estava apegado à prática tradicional da pintura, aos empastados e frotagens tradicionais, mas já me interessava pelo problema da cor e da superposição de tramas coloridas. Aos poucos, fui definindo o problema de maneira mais exata. Em *El muro rojo*, de 1956, foi que o expressei melhor. Apesar de a obra ainda ser muito orgânica, as cores já são planas e inclusive

20 Parênquima é um tecido mole característico dos organismos vivos (animais ou vegetais).

12 *Sin título* (da série *Parénquimas*), 1955.

se produz uma leve vibração no azul. Quando fiz a série, não a denominei "parénquimas", claro. Foi um amigo médico que, ao ver as obras, me disse que lembravam parênquimas. Depois, ele me mandou uma série de radiografias de ossos e, de fato, eram como tecidos ósseos.

—— AJ Esse foi também o momento das esculturas manipuláveis de metal e madeira.

—— CCD Toda essa produção ocorreu paralelamente. Não as chamava de esculturas, para mim eram outra coisa, chamava-as de *Objetos rítmicos móviles o manipulables* [13]. Eram como signos no espaço, sem nenhuma referência natural, tal como as *Parénquimas.* Ficava evidente que também eram signos muito orgânicos. Era difícil naquele momento fazer experiências plásticas na Espanha, porque não havia disponibilidade de materiais modernos para os artistas. Não havia plástico, nem alumínio, só tela e óleo para a pintura, ferro, pedras e madeira para a escultura.

—— AJ Algumas dessas peças lembram Miró.

—— CCD É verdade. Miró estava em Barcelona e era uma referência importante. Essas peças também têm pontos em comum com Calder e com o trabalho da artista inglesa Barbara Hepworth, contemporânea de Henry Moore, que fazia esculturas com perfurações. Em algumas dessas peças, experimentei usar técnicas industriais utilizadas na época. Primeiro, eu as talhava em madeira; depois, as "metalizava" com uma técnica empregada pela indústria automobilística

13 *Objeto manipulable nº 2*, 1956.

para recuperar as engrenagens ou eixos desgastados. Para trabalhar com essa técnica, era preciso vestir um macacão protetor, parecido com um escafandro, porque usávamos uma pistola de pintar automóveis que tinha uma saída para o acetileno, outra para o ar comprimido e outra para os filamentos de metal. Derretíamos fios de ferro, bronze ou alumínio. O acetileno derretia o fio de metal e o ar o pulverizava como tinta de pintura. Com essa técnica, eu podia cobrir as superfícies de madeira e dar-lhes um acabamento metálico. Isso me lembra de quando eu era garoto e os vendedores ambulantes batiam na porta de casa, oferecendo-se para metalizar os sapatos das crianças. Eles também faziam molduras para quadros e metalizavam todo tipo de material. Um tecido, um lenço, um sapato... transformavam tudo em esculturas de bronze.

De Masnou viajei várias vezes para Paris. Na primeira vez, fui visitar Soto, que me disse para ir à Galerie Denise René e ver a exposição *Le Mouvement*, onde havia alguns trabalhos dele. A exposição tinha terminado, mas Denise teve a gentileza de mostrar-me as obras já removidas das paredes. Pude assim contemplar detalhadamente as obras de Soto, Agam, Vasarely, Tinguely, Bury e Jacobsen, que não me pareceu adequar-se ao espírito da mostra. Fiquei muito surpreso e imensamente feliz de ver que a 5 mil quilômetros de distância, sem contato ou informação alguma, minhas preocupações de ruptura não eram infundadas. Essa exposição foi extremamente estimulante para mim e pôs fim às minhas dúvidas. De volta a Masnou, intensifiquei a pesquisa e a reflexão sobre o papel da arte e do artista na sociedade. Imaginei uma série de objetos participativos e utilitários, que poderiam modificar noções comuns sobre o objeto da arte de modo que seu destino não fosse unicamente ficar pendurado num prego ou nas paredes de um museu. Em meados de 1956, com todas essas ideias em ebulição, decidi regressar para Caracas por entender que ali seria o lugar mais apropriado para torná-las realidade. Mas foi pura ilusão, porque o país não estava preparado para entender meus propósitos e não encontrei ninguém interessado no que eu fazia ou pensava. No ano seguinte, 1957, tive de arranjar meios para me sustentar, voltei a trabalhar como programador visual e fundei o Estudio de Artes Visuales. Meu objetivo era tentar, mais uma vez, pôr em prática as ideias de integração da arte com a arquitetura e a vida, tal como fora proposto pela Bauhaus. Creio que o único projeto que pude realizar foi no bar de meu amigo poeta, Luis Pastori. Paralelamente, continuei com minhas pesquisas, primeiro no universo dos *Parênquimas*, que já vinha explorando em Masnou, e depois, no fim do ano, comecei a trabalhar intensamente nas questões da percepção e da instabilidade do plano.

Eu já tinha lido muito sobre a cor e sobre o problema da percepção óptica, e estava à procura de maneiras de projetar a cor no espaço, recorrendo a todos os fenômenos ópticos que conhecia. O que me interessava especialmente era a instabilidade espacial que se produz quando o olho enfrenta situações-limite da visão – como ler ângulos agudos que se distorcem devido à "fadiga da leitura". Tentei provocar essas situações em *Modulación óptica de la superfície* e *Construcción en cadena*, ambas de 1957 [14]. Como o olho se cansa ao ser exposto a essas situações-limite, cria-se uma ambiguidade espacial que era justamente o que me interessava obter. Por isso, construí essas estruturas que dão ao espectador a impressão de que a forma e a cor saltam para fora do quadro. Observando detidamente essas peças, percebemos, em primeiro lugar, as formas planas e, depois, começamos a notar outras formas que emergem no espaço frontal do quadro, enquanto outras ainda parecem recuar para trás dele. Continuando a observar, a superfície parece animar-se e as relações espaciais se invertem. Era isso que eu estava procurando obter com essas obras de 1957: um encadeamento, um processo contínuo de idas e vindas, em que uma forma é identificada e depois se inverte.

—— AJ Isso lembra de certo modo o problema da inversão da figura e do fundo de que trata a *Gestalt*.

—— CCD Claro, há um pouco da lei da figura-fundo, um problema de sucessão de formas que se invertem em decorrência da fadiga do olho. É um problema de ordem fisiológica. Pode-se verificar isso claramente numa obra como *Vibración en el espacio. Persistencia retiniana* [15]. Primeiro, vemos as

14 *Construcción en cadena*, 1957.

formas constituídas de faixas horizontais, que dão a impressão de estar em relevo. Logo depois a situação se inverte e as zonas formadas por linhas verticais é que parecem saltar para a frente. Nessa obra, trabalhei ainda com o fenômeno da persistência retiniana. Por isso deixei essas grandes áreas dos dois lados da estrutura central, porque, quando observamos atentamente a figura central e depois olhamos para os lados dela, a figura se inverte, como um negativo, dando a impressão de ser uma vibração no espaço, como um flash.

15 *Vibración en el espacio. Persistencia retiniana*, 1958.

Agora, o trabalho em que realmente comecei a focar o problema que me levaria às *Fisicromías* foi *Doble animación del plano*, de 1959 [16]. Fiz duas versões dele; a primeira incluía uma espécie de gradação em direção às margens do quadro, e, na segunda, concentrei-me no que se passava em torno das linhas de cor. O título indica a intenção de unir duas maneiras diferentes de dar vida ao plano a fim de sair para o espaço. O primeiro baseava-se na leitura óptica dos ângulos, o que os optometristas usam para detectar o astigmatismo. Em determinado momento, o olho não consegue ler corretamente a situação que tem diante de si e a superfície se curva. O segundo método de animar o plano está relacionado com a radiação de linhas paralelas de cor. Vista a certa distância, com uma iluminação adequada, a cor da linha invade o espaço branco do fundo. Isso me interessava particularmente, porque a ideia era projetar a cor no espaço, para fora das linhas que a compunham. Essas obras puseram em foco o problema básico das primeiras *Fisicromías*, embora ainda fosse necessário descobrir um modo mais eficaz de lançar a cor no espaço.

—— AJ A ideia de trabalhar nos limites da visão normal nos traz à mente uma das teorias centrais de Goethe, quando ele dizia que era justamente no olho doente que se podia descobrir o mecanismo real da visão. Ou seja, exatamente quando o olho afetado por uma doença não consegue perceber corretamente as cores, é que se pode compreender o funcionamento real da visão em contraste com a visão normal ou sadia. Seu método de confrontar o problema da cor se vale de mecânica similar. Ensinar a ver além da visão normal ou convencional, esquadrinhar os limites da visão.

—— CCD As informações que eu tinha reunido sobre os fenômenos da percepção me levaram a entender que, forçando o olho a enfrentar situações críticas, seria possível desestabilizar a superfície e gerar a instabilidade necessária para empurrar a cor para fora do quadro. As linhas que são

16 *Doble animación del plano*, 1959.

retas, mas aparecem ao olhar como curvas, constituem o primeiro passo para a transformação do que estava presente no suporte. E aqui volto a mencionar Velázquez, porque a maior contribuição que colhi em sua obra foi a sensação de espaço que ele cria em *As meninas* [*A família de Felipe* IV], tão impressionante que nos faz dar um passo à frente e nos coloca dentro do espaço do quadro. No meu entender, essa é a obra de arte que deu origem à noção moderna do espaço na pintura.

Não se pode subestimar o fato de Carlos Cruz-Diez nos lembrar Velázquez e sua maravilhosa capacidade de sugerir espaço além, inclusive, das estratégias ou efeitos visuais da perspectiva, e que o faça justamente ao descrever sua passagem para o espaço exterior ao quadro. Esse é um traço característico de muitos artistas que tentaram trabalhar no espaço real durante o século XX*: o desejo de trabalhar como pintores, mas de forma a ir além da pintura; o desejo de atuar no mundo real com as ferramentas da pintura. Muitos tentaram fazê-lo usando os mesmos termos de que Carlos Cruz-Diez se vale a propósito da cor.*

—— AJ Moholy-Nagy falava justamente de seu desejo de materializar massas de cor no espaço.

—— CCD Sim, ele e outros artistas como Fernand Léger e Del Marle tinham se proposto fazê-lo para a arquitetura e a cidade, mas não conseguiram achar uma solução. O problema se vinculava a outras reflexões que eu vinha fazendo naquele momento: se o que estava procurando fazer era projetar a cor no espaço, tinha de achar um modo de romper o eterno binômio forma-cor, exatamente o que nenhum dos artistas que o haviam tentado ou proposto teoricamente, como Moholy-Nagy, conseguiu. Daí minha insistência na destruição da forma. Ora, como destruir a forma se todos os campos de cor geram necessariamente uma forma? Tive então a ideia de fragmentar a superfície em múltiplos segmentos de linhas ou grupos de linhas paralelas. Nas *Fisicromías*, os quadrados não são formas convencionais, são o resultado da acumulação de uma série de linhas de três milímetros de largura, mas não são formas no sentido tradicional da palavra. Formam "módulos" que, por acumulação, geram uma forma virtual de quadrado.

—— AJ É o que, de certo modo, já acontece em *Doble animación del plano*, de 1959.

—— CCD Em parte sim. Eu havia planejado fazer outra peça semelhante a essa, mas só com linhas de cor sobre fundo branco, sem os ângulos pretos. A ideia era colorir a superfície do quadro pela radiação das linhas de cor. Isso me ocorreu quando tive uma experiência, que já mencionei anteriormente, ao realizar o projeto gráfico de um catálogo para a Filarmônica de Nova York. Um dia, ao revisar o folheto que estava desenhando, no qual havia uma página vermelha em frente a outra branca, descobri uma situação básica: a página branca adquiria um tom rosado devido ao reflexo da cor vermelha da outra página. Observei ainda que a cor refletida se tornava mais intensa ou menos intensa em função da distância entre as duas páginas e da maior ou menor intensidade da luz. Compreendi então que uma obra como *Doble animación del plano* somente poderia ser executada no espaço e que só seria possível fazê-la trabalhando com a luz refletida. Naquele momento, denominei o fenômeno de "leitura indireta", porque a cor não se produz no suporte, ela é irradiada. Se a radiação se produzisse de maneira correta, perceberíamos apenas a cor no espaço e não na superfície pintada. Não havia nada de extraordinário nessa observação, mas me proporcionou a solução que eu estava procurando para lançar a cor no espaço, para saturar o espaço completamente, assim como acontece no vale de Caracas, quando todo o céu se banha das cores do entardecer. Foi isso que consegui realizar logo depois com minhas *Fisicromías*.

—— AJ Toda vez que você fala sobre as *Fisicromías* menciona o vale de Caracas ao pôr do sol, e nos mesmos termos que um pintor de cavalete empregaria para referir-se às suas paisagens. É como se, de certa forma, as *Fisicromías* nascessem como uma espécie de modelo reduzido do que se vê na paisagem. Se observarmos o que acontece no vale de Caracas, dentro dos limites relativamente estreitos que separam El Ávila, pelo norte, das montanhas menores do sul, veremos que se trata de uma situação semelhante ao que sucede entre as lâminas de cartão ou de acrílico colorido de suas *Fisicromías*.

—— CCD Sempre falei de realidades, não para imitá-las, mas para provocá-las. Inventei as *Fisicromías* para me expressar com a alegria de um pintor em ação, de criar uma pintura despojada de conceitos e técnicas tradicionais. Na pintura tradicional, o trabalho do artista logo se torna parte do passado, e o que o espectador contempla e decifra é o passado de uma ação. A cor que os olhos do observador enxergam "foi pintada", congelou-se no tempo. Com as *Fisicromías*, ao contrário, desfrutamos o aparecimento de uma cor no momento exato em que ela se produz, sem passado nem futuro. Só que sou definitivamente um pintor, e numa *Fisicromía* a pintura está em toda a sua pureza. Todos os efeitos e o prazer de pintar estão lá, nas harmonias, na velatura, nas transparências... Tudo está presente, longe de toda relação com a pintura do passado, evoluindo continuamente no tempo e no espaço.

—— AJ Mas, na década de 1960, prevalecia a interpretação de que a pintura tinha sido ultrapassada, relegada ou abandonada ao passado por uma nova arte. "A pintura acabou", escreveu Jean Clay na revista *Robho*, em junho de 1967. O entusiasmo e a esperança na superação de todo tipo de barreiras sociais, políticas, morais, estéticas ou científicas sublinhavam a novidade dos procedimentos e não a persistência dos valores ou das preocupações do passado. Tudo que era "novo" carregava de imediato um valor positivo, e tudo o mais eram escórias do passado, restos fadados a desaparecer em breve, como a pele já seca sobre o corpo reluzente do réptil em períodos de muda. Apesar disso, grandes pintores, como Picasso, permaneciam fiéis a formas, símbolos, ideias e temores que atravessavam séculos e periodicamente ressurgiam, ali ou acolá, sob novas formas. Creio que até hoje somos sensíveis às coisas que emergem subitamente das profundezas, a tudo que, mesmo sem percebermos, estabelece conexões do nosso presente com o passado, com as mais remotas necessidades humanas. É por isso que me parece importantíssima a observação de que o prazer da pintura, essa milenar ferramenta simbólica da humanidade, persiste em seu trabalho com novos materiais e técnicas. De fato, se observarmos com cuidado o processo usado pelos artistas do século XX que buscaram transcender os limites tradicionais da pintura com o objetivo de trabalhar o espaço real, veremos um processo que se move da pintura para o mundo.

Tomemos um exemplo, as maravilhosas guitarras de madeira e metal criadas por Picasso em 1912, os contrarrelevos de Tatlin, ou os *Architectones* de Maliévitch. Quem se dispuser a examiná-las com atenção notará claramente que, nessas obras, o artista não abandonou a pintura por uma atividade diferente. Ao contrário, o que se torna evidente é que a pintura adquiriu corpo, massa, para lançar-se ao espaço. A mesma coisa aconteceu com muitos artistas que tentaram romper com as barreiras da pintura durante a década de 1960. Como nasceu um *Penetrable* de Jesús Soto senão como uma pintura que se abriu tanto a ponto de tornar-se penetrável? O que é uma instalação penetrável de Hélio Oiticica senão um cenário pictórico que se materializa fora da tela? Quem estudar os processos usados por esses artistas poderá constatar a cuidadosa e progressiva abertura da pintura para o mundo, jamais o puro e simples abandono das estratégias pictóricas para adotar outras. E isso tem um enorme significado.

Aconteceu que uma ferramenta milenar da humanidade descobriu um modo de nos alcançar aqui, em nosso próprio espaço. Não fosse isso, o que explica a reflexão sobre *As meninas* [*A família de Felipe* IV] de Velázquez, tanto no seu caso como no de outros artistas, justamente antes de abordar o problema do espaço? Por isso, no meu entender, lançar a cor no espaço, como você tenta fazer em suas *Fisicromías*, é ao mesmo tempo uma exigência da época, uma necessidade urgente daqueles que se defrontam pela primeira vez com uma sociedade de massas e um modo diferente – certamente revolucionário – que os artistas descobriram para trabalhar na cidade ou na metrópole contemporânea, com as ferramentas conceituais de sempre. Mas, do ponto de vista conceitual, a função da arte continua a mesma: construir, produzir, fazer respirar a atmosfera de significado em que estamos imersos, como um peixe na água.

Em 1959, com o primeiro Color aditivo **[17]** *e* Fisiocromía nº 1 **[18]**, *Carlos Cruz-Diez valeu-se de um método novo e eficaz* *para projetar a cor no espaço, e o fez por meio do estudo cuidadoso do que sucede durante o processo de mistura óptica das cores aplicadas sobre o suporte* [18 e 17]. *Esse é o problema da cor aditiva, tema central das primeiras Fisicromías.*

—— CCD A ideia era criar ou propiciar o aparecimento de cores que não existiam quimicamente sobre o suporte. Em sua teoria, Newton descreve os fenômenos das cores aditivas, da pós-imagem e muitos outros. Conhecendo a razão por trás do fenômeno, consegui transformá-lo em discurso e revelar a natureza efêmera da percepção da cor.

—— AJ Quer dizer que *Color aditivo* e a primeira *Fisicromía* surgiram diretamente de uma análise das experiências sugeridas por Newton?

—— CCD Claro. Se eu queria fazer uma coisa inédita, tinha de conhecer a fundo o fenômeno cromático. Por isso me dediquei a aprender tudo sobre as teorias e as experiências científicas, bem como sobre os processos industriais de reprodução em massa de imagens. Também li todas as teorias e polêmicas entre Newton e Goethe, e a elaboração de seus respectivos discos cromáticos; a definição de luz de Maxwell e sua síntese aditiva, que é a base da fotografia em cores; e as experiências de Louis Ducos du Hauron, que chegou aos mesmos resultados por meio da síntese subtrativa. Li ainda os textos de Thomas Young e suas pesquisas sobre a difração da luz e a fisiologia da visão. Por último, um artigo

17 *Color aditivo*, 1959.

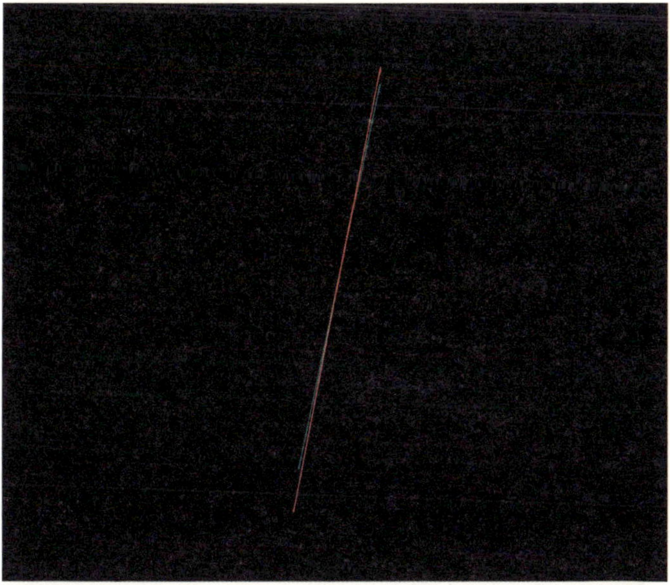

de 1959 na revista *Scientific American* teve uma importância fundamental para mim; nele, o cientista americano Edwin Land, inventor da máquina Polaroid, publicou seus "Experimentos sobre a visão da cor". Land realizou uma série de experiências com duas transparências em preto e branco, uma delas projetada através de um filtro vermelho e a outra sem filtro (quer dizer, com luz branca), recriando no vermelho uma gama de cores muito semelhantes às da cena original. A imagem projetada através do filtro vermelho foi feita com

18 *Fisicromía nº 1*, 1959.

um filtro da mesma cor, e a imagem projetada em luz branca, com um filtro verde. A lógica era que a imagem projetada fosse vermelha, branca e com alguns matizes rosados. Para surpresa de Land, o experimento produziu um resultado cromático muito parecido com a realidade. A experiência em si não me interessava, mas fiquei intrigado com o fato de que um método tão simples produzisse um resultado tão complexo. A partir disso, imaginei a possibilidade de trabalhar somente com vermelho e verde, cores com as quais esperava gerar uma extensa gama cromática. Logo comecei a fazer experiências, e entre as primeiras soluções imaginei uma espécie de cubo estroboscópico. Era um cubo de aproximadamente trinta centímetros de lado com uma perfuração circular através da qual se podia ver a luz gerada por uma lâmpada de cem watts. No interior do cubo, com a ajuda de um motor de ventilador, girava uma roda com filtros vermelhos e verdes, o que gerava um círculo amarelo. Em seguida, acrescentei o azul, que produziu o branco aditivo. Eram os balbucios da cor aparecendo no espaço, não pintada sobre uma superfície. No entanto, pouco tempo depois abandonei essas experiências, porque não me pareciam convincentes do ponto de vista pictórico, e também porque me causavam fortes dores de cabeça. Comecei então a testar o efeito de linhas vermelhas e verdes sobre um fundo preto, o que originou meu primeiro *Color aditivo*, e a fazer ensaios com métodos que abririam caminho para a *Fisicromía nº 1*.

—— AJ Recapitulando: em 1959, você já tinha uma ideia clara do que estava buscando, isto é, um modo de projetar a cor no espaço. Além disso, a experiência de programar o catálogo para a Filarmônica de Nova York o ajudou a identificar o princípio básico que iria permitir-lhe alcançar seu objetivo, e nas experiências de Edwin Land você descobriu um exemplo concreto, sobretudo de muita simplicidade, do que estava buscando.

Tentemos então descrever da maneira mais detalhada possível as experiências que o levaram a fazer a *Fisicromía nº 1*.

—— CCD Exatamente, com Edwin Land descobri um procedimento simples para produzir uma ampla gama de cores a partir do vermelho e do verde.

—— AJ E conseguiu produzir toda a gama do espectro solar?

—— CCD Não toda. Cheguei a uma gama de matizes mais próxima do ocre. Para obter uma variedade maior, eu teria de acrescentar o preto e o branco como moduladores da luz, porque as cores produzidas no experimento de Land eram cores físicas, cores-luz. Meu suporte era opaco, com cores químicas; a despeito disso, mesmo com cores químicas, consegui desenvolver uma série bastante extensa de matizes que mudavam toda vez que se alterava a fonte de luz. Para tanto, usei o material que tinha a meu alcance, e que chamamos de papel-cartão cinza de um quilo (porque as folhas de um metro quadrado pesavam um quilo). Cortei tiras de larguras variadas, todas dentro dos limites que o material me impunha, porque não dá para fazer tudo que se quer, somente o que o material permite. Era um cartão de dois milímetros de espessura e as tiras mais estreitas que eu podia cortar tinham dez milímetros. Cortava-as até a largura máxima de 25 milímetros (mais tarde, na França, descobri um tipo de papel-cartão, Celloderme, que era muito mais resistente). O cartão que estava usando tinha outra limitação: eu não podia cortar tiras de mais de sessenta centímetros de largura, porque elas começavam a deformar, e eu precisava de tiras perfeitamente paralelas. Por esse motivo, as peças daquela época, feitas de papel-cartão, nunca passam de sessenta centímetros. Fiz peças maiores, é claro, mas sempre reunindo módulos de sessenta centímetros. Em todo caso, também não pude fazê-las maiores que um metro e oitenta, principalmente quando me mudei para Paris, em 1960, porque esse era o tamanho máximo que eu podia fabricar no meu ateliê, fazer passar pela porta da frente e carregar escada abaixo.

Enfim, iniciei minhas experiências usando essas tiras de papel-cartão. Algumas pintei de vermelho de um lado e de verde do outro, e fiz o mesmo nas bordas, e elas se juntavam formando linhas verdes, vermelhas, brancas ou pretas. Preparado todo esse material, comecei a modular a intensidade da cor que irradiava, mediante o aumento ou a diminuição das distâncias entre as tiras; ou seja, aumentando ou diminuindo o número de linhas brancas ou pretas. Quando queria sombras, acrescentava mais linhas pretas, e, quando queria que a sequência fosse mais luminosa, agregava mais linhas brancas – isto é, mais tiras com as bordas pintadas de branco.

—— AJ Quer dizer que não havia uma programação preestabelecida, mas você ia pintando como um pintor tradicional, vendo e avaliando constantemente o resultado de cada decisão.

—— CCD Exatamente, porque eu não dominava nem os procedimentos, nem os resultados. Antes de começar, eu fazia um pequeno esboço e a partir dele ia inventando à medida que o trabalho progredia, como qualquer pintor tradicional. Logo descobri que, afastando as tiras de cor, conseguia variar a densidade do vermelho ou do verde, como se estivesse pintando: "isso eu gosto", "isso não gosto", "isso não fica bom", "isso fica...".

Nascida dessas tentativas, a *Fisicromía nº 1* foi uma experiência de luz. Não havia nada programado, era apenas uma acumulação de linhas (tiras de papel-cartão com as bordas pintadas) combinadas para ver o que acontecia com a mistura óptica. A distância me permitia discernir se novas cores se produziam, se estas eram mais intensas ou mais tênues. Cada quadro era um experimento e ao mesmo tempo o desenvolvimento do que eu já descobrira na obra anterior. O objetivo era criar novos matizes de cores, modulando a mistura óptica do vermelho e do verde por intermédio do uso do branco e do preto. Assim, eu obtinha muita luz ou luz nenhuma: o branco era cem por cento luz, e o preto, zero por cento luz. Aos poucos, essas primeiras experiências me trouxeram as informações de que necessitava e o repertório de todas as possibilidades para fazer outras obras. O esquema geral já estava definido. Eu inventara um sistema, minha maneira particular de modular a luz.

—— AJ Em *Fisicromía nº 1* as tiras de cartão têm alturas diferentes.

—— CCD Sim, porque desde esse primeiro trabalho descobri que também era possível modular a luminosidade e a mistura óptica da cor usando lâminas diagonais. Quer dizer, trapézios, mais altos de um lado que do outro. Assim, as lâminas, se iluminadas a partir de determinado ângulo, podiam lançar uma sombra sobre as linhas mais baixas, modificando suas intensidades. Ao mesmo tempo, do lado mais alto, o espectador podia perceber um campo maior de cor graças à interação das lâminas adjacentes. Mas as diferenças de altura entre as tiras de cartão eram muito limitadas na primeira *Fisicromía*, onde a experimentação se reduziu quase completamente à escolha do número de linhas em contraste e à variação da intensidade da mistura óptica obtida por esse processo. Não obstante, as poucas lâminas que saíam do plano me permitiram determinar uma maneira de aproveitar a reflexão da cor tal como eu tinha observado no folheto desenhado para a Filarmônica de Nova York. Foi disso que me ocupei depois da segunda obra, quando explorei todas as possibilidades desse esquema inicial.

—— AJ De certa maneira, as *Fisicromías* constituem um campo de experimentação no qual você vai descobrindo fenômenos ou possibilidades de desenvolvimento que depois isola e trabalha em obras separadas.

—— CCD Cada *Fisicromía* era como uma espécie de programa que me abria possibilidades para realizar outras obras. Na *Fisicromía nº 3*, criei planos que se afundam, separações de formas e uma composição com formas geométricas, um remanescente de minha formação acadêmica [19]. Na *nº 6*, esses módulos não são formas, mas camadas de um elemento que produz formas. Eu estava tentando encontrar, por meio de um

19 *Fisicromía nº 3*, 1959.

trabalho de constante experimentação, a maneira de tornar manifestos os fenômenos que ia descobrindo passo a passo. Era uma experimentação sistemática que não tinha nenhuma relação com o gosto ou com a busca de um estilo pessoal.

—— AJ Contudo, na *Fisicromía nº 5*, assim como em muitas outras, é fácil constatar que as formas que surgem desse processo de experimentação não são completamente anódinas, casuais ou inocentes; ao contrário, fazem lembrar ou se associam às formas que você usava em obras anteriores, como os objetos em relevo de 1956 e até certas obras figurativas, o que indicaria a persistência de um elemento de estilo pessoal [20 e 21]. Isso me interessa porque mostra que o artista, no processo de construção de um campo pessoal de expressão, está em luta constante contra o que Roland Barthes chamou de "forças cegas da linguagem":[21] a história da arte, de um lado, a herança biológica do indivíduo e seus problemas de estilo pessoal, de outro. Por isso, embora se tente evitar, surge uma semelhança de formas entre uma obra e outra, já que reflete uma maneira pessoal de construir as formas. Cada pessoa tem um modo característico de caminhar e de falar. O mesmo acontece com as gamas cromáticas e as formas que um artista emprega em seu trabalho. O surgimento de algo novo numa obra de arte sempre será o resultado de um esforço constante contra o estilo e contra a história da arte – em outras palavras, contra as forças cegas de que fala Barthes.[22]

—— CCD **É possível. Só que eu estava sempre experimen-**

—— 21 Roland Barthes, *Le degré zero de l'écriture*. Paris: Seuil, 1971, p. 18 [ed. bras.: *O grau zero da escrita*. 2ª ed. São Paulo: WMF-Martins Fontes, 2004].

—— 22 Embora Cruz-Diez insista em dizer que sempre trabalha em função da eficácia plástica de seu discurso, subordinando o uso da forma a essa exigência, sua obra revela claramente a continuidade de um estilo. Por isso, as formas do período figurativo reaparecem mais tarde em diferentes momentos de sua produção abstrata.

20 *Interior de un rancho*, 1955.

tando, tratando de estruturar um discurso. Não me preocupava com problemas de estilo. Se existem correspondências, são completamente inconscientes. O fio condutor entre minhas peças é alcançar meu objetivo de fazer alguma coisa que ainda não tivesse sido feita: levar a cor para o espaço. Nessa época, eu passava muito tempo procurando as melhores soluções, porque trabalhava por tentativa e erro. Foi o que fiz até aproximadamente a *Fisicromía nº 10*. A *nº 13* está mais estruturada, porque eu já sabia mais ou menos o que queria e como podia fazer. Essa foi a última obra que produzi em Caracas. A *nº 14* foi realizada em Paris.

—— AJ Você expôs uma seleção dessas primeiras peças no Museo de Bellas Artes de Caracas, em 1960. E foi justamente a pouca receptividade do público e dos artistas que o levou a pensar em sair do país de maneira definitiva.

—— CCD Eu já estava trabalhando nas *Fisicromías* havia mais de um ano e constatara as enormes possibilidades que elas me ofereciam, mas igualmente o imenso esforço necessário para desenvolvê-las. Por isso resolvi mostrá-las no Museo de Bellas Artes de Caracas, em fevereiro de 1960. Mas a receptividade foi quase nula; ninguém entendeu nada, ninguém estava interessado nos problemas que eu apresentava. Então decidi que não tinha mais nada a fazer na Venezuela, onde não havia mais desafios. A única opção era ir para Paris, e para lá fui, no dia 12 de outubro de 1960. Entre as datas que a transportadora me propôs, escolhi o dia 12 de outubro. Resolvi fazer como Cristóvão Colombo, só que na direção oposta. Sempre me perguntam por que fui para Paris e não para Nova York. Nos anos 1950 e 1960, a França era um lugar onde se podia debater ideias em um contexto global de pensamento, sem fronteiras nem preconceitos raciais ou nacionalistas. Naquele tempo, Nova York não era o que é hoje. Por outro lado, desde o século XIX, havia uma tradição de viajar a Paris, e em meados da década de 1950 boa parte dos meus colegas da escola de arte estava lá.

Eu também estava preocupado porque sabia que muitos outros artistas estavam trabalhando no problema de lançar a cor no espaço, e se eu havia conseguido fazê-lo aqui, nesta

21 *Fisicromía nº 5*, 1960.

parte do planeta por onde não passam as coordenadas da história, outros também podiam fazê-lo. Se não partisse naquele momento, outro o teria feito, e eu teria ficado como seguidor de outro artista, já que ninguém acreditaria em mim. Além disso, cheguei bem no momento em que uma geração procedente de todas as partes da Europa e da América Latina estava indo para Paris a fim de expor suas ideias. Como geralmente acontece, as ideias dessa geração tinham um ponto em comum: a pintura tinha se esgotado. O que eu tinha pensado em Caracas era compartilhado pelo romeno, o suíço, o judeu, o polonês e um grupo de artistas latino-americanos. Todos nós concordávamos que havia necessidade de novos discursos, de novas soluções.

Já instalado em Paris, dei continuidade às minhas experiências, tentando criar atmosferas de cor sem formas geométricas. Fiz uma infinidade de testes, sempre à procura de outras maneiras de liberar a cor de modo que a projetasse no espaço. Pesquisei também os materiais que poderiam me ajudar a superar as limitações do papel-cartão. Nos primeiros meses, enfrentei muitas dificuldades para conseguir os materiais necessários. Não dominava o idioma, não conhecia direito a cidade e não fazia ideia de onde comprá-los. Nesse mesmo ano, lembro de ter feito tentativas de trabalhar com madeira e explorar várias possibilidades. Um dia, descobri pequenas lâminas ou espátulas de madeira que eram vendidas para os médicos como instrumento para manter a língua do paciente abaixada durante exames ou intervenções cirúrgicas. Mas a madeira era revestida por uma fina camada de cera, o que impedia a adesão da cor à superfície. Descobri o fabricante dessas lâminas e fui até seu ateliê – era um daqueles artesãos tradicionais franceses, muito zelosos de seus procedimentos, de modo que não houve meio de convencê-lo a aceitar a ideia de fazer espátulas de madeira sem a camada de cera, mesmo pagando o mesmo preço ou mais por elas. Ainda nesse ano, descobri as tiras de madeira usadas para cobrir os lados das chapas de aglomerado. Foi com esse material que trabalhei da *Physicromie nº 14*, a primeira que produzi em Paris, até a *nº 17*. Depois, achei um cartão cinza muito semelhante ao papel-cartão de quilo que eu tinha usado em Caracas e fiz algumas obras com esse material. Mas era um cartão muito rude e grosseiro, e por isso continuei procurando alternativas, enquanto prossegui no trabalho com o cartão e a madeira. Meses depois, no início de 1961, consegui encontrar um material mais resistente. Era um cartão chamado Celloderme, usado para fabricar porta-luvas e porta-malas de automóveis.[23] Tratava-se de um cartão mais compacto, cinza-escuro, com

23 É importante lembrar que, embora tenha surgido um novo material nesse período, os materiais que os artistas empregavam até então não haviam necessariamente desaparecido. Assim, por exemplo, quando Cruz-Diez descobriu o Celloderme, começou a utilizá-lo imediatamente, mas continuou a trabalhar com madeira e papel-cartão até esgotar seu estoque. Em certos casos, até usou os dois materiais, como em determinadas e muito raras peças nas quais o Celloderme foi usado numa parte da obra e a madeira em outra.

aproximadamente dois milímetros de espessura, que me proporcionou resultados melhores. Continuei a trabalhar com esse material, sempre limitado a vermelho, verde, branco e preto. Quando achei que tinha esgotado todas as possibilidades do vermelho e do verde, em 1961, fiz três *Fisicromías* com azul, verde, branco e preto. Nosso amigo Louis Kremp possui uma delas, outra está no Museo de Arte Moderno Jesús Soto, em Ciudad Bolívar,[24] e a terceira com Rosario Orellana, em Caracas. E parei por aí, não fiz outras peças semelhantes. Depois comecei a trabalhar com uma série de cores diferentes. Ao buscar enriquecer meu vocabulário inicial de *Fisicromías*, no entanto, fui me aproximando muito do informalismo. Eram atmosferas de cor sem forma determinada [22], criadas obviamente pela acumulação de elementos, manchas, como pinceladas, para dar vida ao espaço [23].

—— AJ É isso que eu estava tentando dizer. Sua obra foi se construindo, por um lado, em oposição à força cega do estilo que o levou a empregar determinadas formas e cores, e, por outro, em confronto com a história da arte – nesse caso, contra a intromissão das soluções informalistas em seu trabalho.

—— 24 Museu fundado por Jesús Soto em Ciudad Bolívar, no sul da Venezuela, com projeto arquitetônico de Carlos Raúl Villanueva e inaugurado em 1974. A instituição conserva um conjunto considerável de obras de Jesús Soto, além de uma respeitável coleção de trabalhos de seus amigos artistas, especialmente dos representantes do novo realismo francês.

— 22 *Sin título*, 1961.

E mais, contra as noções tradicionais de composição e equilíbrio, e também em oposição à resistência dos materiais. Lembro inclusive de algumas *Fisicromías* em que você introduziu parafusos e outros elementos achados ao acaso, à maneira dos neorrealistas de Paris que estavam então no auge [24].

— CCD Eu estava empenhado na construção de uma linguagem pessoal, de um discurso próprio, e isso somente

23 *Physichromie nº 47*, 1961.

se consegue por uma série de processos que não têm nada de linear. São processos que não se resolvem da noite para o dia, porque dependem de profunda convicção pessoal. Todo esse mundo maravilhoso de cores jogando no espaço estava lá presente, eu podia vê-lo; mas o público não o percebia, o olhar tradicional e o apego à forma aprisionavam o espectador. Eu tinha de arranjar um modo mais eficaz

24 *Physichromie*, 1962.

de apresentar os fenômenos cromáticos, descartando todo resíduo pictórico ou acadêmico. E eu dizia às pessoas: observem o clima cromático, olhem o que acontece com esse detalhe. A cor que você está vendo ali não foi pintada, é resultado de uma mistura óptica e, além do mais, está no espaço. Mas as pessoas não viam, apenas percebiam a forma e a composição formal do quadro. Foi por isso que tentei fazer uma obra mais didática, e achei que a melhor maneira de fazê-la seria opor um plano tradicional – estático – a um espaço dinâmico, onde a transformação da cor se tornasse mais evidente.[25] Isso deu lugar às *Fisicromías* compostas.

—— AJ Quando você fala de *Fisicromías* compostas está se referindo ao fato de ter começado a compor espaços ativos dentro de campos inertes, isto é, a organizá-los de maneira harmônica, seguindo as convenções da composição que lhe ensinaram na escola de arte?

—— CCD Exatamente. Foi nesse momento que eliminei todo o aspecto informal para me concentrar na justaposição de campos estáticos e dinâmicos a fim de dar ao público uma visão melhor do que se passava neles. Na *Physichromie nº 51*, trabalhei com formas geométricas, círculos,

—— 25 Exatamente o que Jesús Soto estava fazendo nas obras de sua fase barroca, entre 1957 e 1962, nas quais contrastava áreas de matéria inerte e geralmente opaca com outros espaços vibracionais.

quadrados e retângulos, para eliminar todo elemento circunstancial das minhas *Fisicromías* informais [25]. O objetivo era criar uma sucessão no tempo como se as formas transitassem de um clima cromático a outro. As formas mudam nessa sucessão, umas parecem projetar-se à frente, como que flutuando no espaço, outras desaparecem, e assim por diante. Nesse sentido, as formas tinham vários objetivos. Tempos depois, me vi obrigado a modificar novamente o discurso, porque podia gerar equívocos ao confundir minha obra com o construtivismo. As pessoas opinavam sobre a maravilha da composição, a elegância, a beleza, as relações espaciais, sem ter a menor ideia do que estava acontecendo na obra. Essa experiência e a reação do público me mostraram claramente que quanto mais elementos eu acrescentava à obra mais difícil se tornava ler o que eu estava tentando dizer. Compreendi, então, definitivamente, que os espaços ativos deviam ocupar toda a área da obra.

—— AJ Os anos 1961 e 1962 foram cruciais para seu trabalho. Primeiro, você abandonou o aspecto informal das *Fisicromías* e passou a concentrar-se nas formas geométricas, ainda que mantendo os resíduos acadêmicos da composição pictórica, como já explicou. Segundo, deixou de lado as experiências centradas no vermelho e no verde a fim de explorar toda uma gama de cores. Foi então que você definiu uma primeira paleta controlada que serviu de base para a invenção de todas as suas combinações. O período corresponde ainda

— 25 *Physichromie nº 57*, 1962.

à introdução de um novo fenômeno em suas *Fisicromías*: o problema da subtração cromática.

— CCD Até 1961, trabalhei quase exclusivamente com vermelho, verde, branco e preto, excetuando três peças azuis que fiz nesse último ano. Logo comecei a usar uma gama bem mais ampla de cores. No ano seguinte, voltei ao rigor da geometria. Já tinha integrado a cor aditiva e a cor refletida nas *Fisicromías*. Faltava acrescentar a cor subtrativa,

o que fiz em *Physichromie nº 101*, já em 1963, quando descobri um plástico de cores transparentes à base de acetato de celulose, chamado Rhodoïd. Esse material me permitiu substituir as lâminas opacas do cartão Celloderme, que serviam como refletores para colorir o espaço. As linhas do fundo continuaram a ser de cartão, porque eu não tinha conseguido um material mais eficaz.

—— AJ Além da composição a que você submetia esses

segmentos ativos nos planos inertes, como concebeu os segmentos ativos?

—— CCD Por exemplo, eu começava a criar uma peça em que um retângulo passava do vermelho ao cinza conforme o espectador se deslocasse na frente dela. Usei um sistema de programação, sem computador, que na época não existia. Mediante um processo muito complexo e lento, fazia que um cinzento fosse se transformando em azul, ou um verde se convertesse aos poucos em vermelho. Tinha de calcular quantas tiras de cartão seriam necessárias para que, intercalando-as, obtivesse o espetáculo de mutação que desejava pôr em ação. Para obter quatro áreas ovaladas, de quatro cores diferentes, primeiro eu tinha que calcular a anamorfose necessária e depois pintar quatro vezes o mesmo oval. Em seguida, eu os intercalava para que o espectador, ao deslocar-se, percebesse uma área ovalada que ia se movendo no espaço e se transformando cromaticamente.

—— AJ E como você escolhia as cores a serem usadas?

—— CCD Escolhia as que criavam conflitos entre si, produzindo certa vibração. O vermelho e o verde juntos geravam amarelo.

—— AJ Mas, além do vermelho e do verde, imagino que quando você ampliou sua paleta devia ter uma série de contrastes pré-selecionados, uma espécie de paleta, por assim dizer.

—— CCD Selecionei uma gama de 27 cores, não porque me agradassem especialmente, mas por sua eficácia vibratória.[26] Escolhia determinado verde, por exemplo, porque combinado com certo azul produzia um conflito. Se tivesse escolhido cores de matizes muito próximos, não obteria as vibrações necessárias. É claro que essa paleta foi se modificando, até que em 1973 me vi obrigado a codificá-la para que o ateliê de Caracas e o de Paris tivessem o mesmo padrão [26]. De início, usava cartões opacos, com uma cor de cada lado. Quando adotei o Rhodoïd, comecei a investigar o problema da subtração cromática. Se as lâminas verticais que separavam um módulo de outro fossem vermelhas, todo o espaço desse módulo se tornaria vermelho. O fenômeno se intensificava se você o visse de lado ou o iluminasse de um lado com uma lâmpada. A cor-luz tinha um efeito subtrativo sobre as linhas do fundo, intensificando ou neutralizando a ação delas. Além do Rhodoïd, descobri o Lumaline, um acrílico banhado em vapor de mercúrio que funcionava como um espelho. Essa descoberta foi interessante porque me permitia duplicar virtualmente o espaço existente entre

26 Algo semelhante ao que se vê no nível formal ocorre com sua paleta de cores. Cruz-Diez afirma que escolhe suas cores por sua eficácia óptica, não por gosto pessoal. No entanto, quem observar cuidadosamente sua pintura verá que a paleta construída tendo em vista a eficácia óptica dos contrastes, curiosamente, é muito próxima da paleta de suas obras figurativas. A busca da eficácia não o imuniza contra as manifestações das forças cegas do estilo. De resto, quando Cruz-Diez descreve suas experiências infantis com a cor, os matizes que diz recordar são similares às gamas típicas de sua obra plástica.

26 Paleta de cor sistematizada para uso nos ateliês de Caracas e Paris, 1973.

as lâminas verticais intensificando a cor das linhas, mais ou menos como no Salão dos Espelhos, em Versalhes, onde o espaço se duplica.

—— AJ A passagem entre as *Fisicromías* informais e as que você denomina "compostas" ocorre em 1962, com a *Physichromie nº 51*. Quando surgiu o conflito que o levou a substituir as *Fisicromías* compostas pelo que poderíamos chamar de *Fisicromías* "sintéticas", onde os espaços ativos ocupam toda a superfície da obra?

—— CCD O conflito aconteceu muito rapidamente, porque logo me dei conta de que o público se interessava mais pela composição – como se aquela fosse uma obra abstrata convencional – do que ocorria em cada espaço ativo. Em 1963,[27] desisti completamente da ideia de composição, como um dos últimos resíduos acadêmicos, e me concentrei no tratamento dos espaços ativos.

—— AJ Mas isso não parece ter ocorrido de imediato, porque mesmo depois de 1963 ainda se podem ver obras que combinam espaços ativos e espaços inertes.

—— 27 Fizemos todo esforço possível para identificar não só as datas de cada um desses momentos, como a obra exata – quando havia – na qual se materializaram as mudanças. Apesar de tudo, o registro das obras do artista, como está hoje, em muitos casos não permite chegar a uma decisão convincente. Por isso nos limitamos a indicar o ano em que se produzem mudanças, sem tentar definir exatamente a obra em que poderiam ser detectadas.

— CCD Sim, mas não estão compostos; em outras palavras, já não tento estabelecer as relações harmônicas entre os espaços ativos e os espaços inertes que distraíam a atenção do espectador. Nessas obras, que poderíamos chamar de transição, os espaços inertes ocupam um quarto ou um oitavo da superfície. Trata-se de uma área controlada, calculada, e não decidida em função do gosto. A *Physichromie nº 114*, de 1964, atualmente no Museu de Arte Moderna de Nova York, é uma das primeiras em que eliminei a composição [27].

— AJ É importante recapitular esse momento para identificar com o máximo de precisão as transições entre as diferentes fases das *Fisicromías*. Em 1962, houve a passagem das *Fisicromías* informais para as compostas. No ano seguinte, em meados de 1963, aparecem as primeiras *Fisicromías* que denominamos sintéticas [28], as quais coexistem, até 1966 aproximadamente, com outras em que o espaço ativo se opõe a um segmento inerte, embora ainda sem composição. São as *Fisicromías* de transição entre as compostas e as sintéticas. Mas acho que existe também uma evolução nas *Fisicromías* sintéticas. Isto é, se, no início, os espaços ativos ocupam a totalidade ou pelo menos uma grande parte da superfície disponível, com as mesmas formas geométricas e a mesma esperança de que essas formas geométricas revelem a transformação da cor no tempo, em 1966, suas *Fisicromías* parecem reduzir a presença das formas e priorizar os campos de cor.

É possível detectar inclusive uma nítida preferência pelo quadrado, quase como fez Josef Albers em sua série *Homenagem ao quadrado*.

—— CCD Sim, porque eu estava permanentemente em busca de um modo de tornar mais eficaz meu discurso plástico. Por isso, fui me concentrando cada vez mais nos campos de cor e em algumas formas geométricas mais controláveis, como o quadrado e o círculo. O mesmo acontecia com os materiais; estava sempre pesquisando novos materiais e novas técnicas. Os acrílicos, por exemplo, me ofereceram novas possibilidades técnicas.

Uma das possibilidades mais interessantes, além dos acrílicos transparentes coloridos, foi o PVC por extrusão – um procedimento similar ao que se emprega para fazer espaguetes –, que descobri em 1968 e passei a utilizar desde então para fazer as linhas do fundo nas *Fisicromías*. Isso não significa que eu logo tenha suspendido a produção de obras em cartão, pois continuei a empregá-lo até esgotar meu estoque. Mas naquele ano comecei a trabalhar com o PVC por extrusão, que me oferecia uma série de vantagens, ampliando de maneira considerável minhas possibilidades. Ele me liberou do limite de sessenta centímetros de largura imposto pelo cartão. Era um material branco e opaco, produzido por extrusão e que aceitava a pintura acrílica. Trabalhei até 1973 com tiras de PVC, e depois introduzi o alumínio. A crise do petróleo interrompeu a produção de PVC, que

27 *Physichromie nº 114*, 1964.

28 *Physichromie nº 196*, 1965.

é um derivado desse óleo.[28] O PVC desapareceu do mercado e ninguém sabia se voltaria a ser produzido e a que preço. Como eu não queria voltar a usar o cartão e, além disso, estava trabalhando com obras em grandes dimensões, tive que buscar uma alternativa. Encontrei-a no alumínio.

***

28 Durante a guerra árabe-israelense de 1973, os países árabes membros da Opep adotaram diversas medidas de pressão contra os países ocidentais que apoiavam Israel, especialmente contra os Estados Unidos. Em consequência disso, os preços do petróleo aumentaram consideravelmente, criando o que se convencionou chamar de primeira crise do petróleo. Seus efeitos se fizeram sentir até 1978.

—— AJ Antes de passarmos à sua transição para o alumínio na década de 1970, e a tudo o que este lhe permitiu fazer, me parece importante aprofundar uma análise de suas atividades durante essa década decisiva. Os anos 1960 foram, sem dúvida, muito especiais para a América Latina e para o mundo, e não deixa de surpreender o número de artistas latino-americanos que obtiveram uma resposta bastante positiva para seus trabalhos. Penso, por exemplo, em Hélio Oiticica, Lygia Clark, Jesús Soto, Julio Le Parc e tantos outros que ocuparam lugares de relevo em revistas de vanguarda como *Signals*, em Londres, e *Robho*, em Paris. A que você atribui essa acolhida tão positiva da arte latino-americana nos anos 1960?

—— CCD É uma coincidência histórica, como tantas outras. Por que o construtivismo russo? Talvez porque houve uma revolução na Rússia, e porque muitos artistas viram nela uma conjuntura excepcional a exigir uma arte radicalmente nova. Um acontecimento de tamanha importância que induzia um pensamento coerente, e por isso todos os construtivistas foram russos e centro-europeus. A mesma coisa aconteceu com a América Latina. Foi uma explosão, e a América Latina obteve uma legitimidade excepcional após o triunfo da Revolução Cubana. Esse fato marcou um momento crucial em que todo o planeta voltou a atenção para o continente. Todo mundo olhava para a América Latina, foi um momento de esperança para o mundo inteiro. Mas por que a revolução aconteceu ali? Bom, a sociedade estava em crise, não se havia encontrado nenhuma solução humanista e, de repente, numa pequena ilha do Caribe, irrompe uma revolução bem na cara de um gigante como os Estados Unidos. Era o mito de Davi contra Golias em pleno Caribe, um acontecimento que fascinou o mundo inteiro. Maio de 1968 na França também produziu um impacto social de alcance planetário. Vivi esses momentos, e todos pensamos que o mundo ia mudar, que íamos obter grandes conquistas. Todos vivemos intensamente a esperança de que o humanismo viera para ficar. Depois, todo o resto aconteceu, sabemos o final da história. Mas, naquele momento, acreditamos na possibilidade de uma mudança radical e transcendental para a humanidade.

—— AJ Toda uma geração, e muitas outras que a seguiram, acreditaram que a Revolução Cubana havia instaurado um regime de respeito e dignidade humana. Hoje sabemos em que tipo de regime se transformou, mas os mitos têm a pele dura e sobrevivem às provas mais cruas. Hoje, muitos intelectuais (e não os menos relevantes) preferem se calar ante a realidade cubana a reconhecer que suas esperanças foram burladas. Naquela época, porém, grande parte dos intelectuais e dos artistas via nela uma esperança. E o *boom* da literatura latino-americana parecia corroborá-la.

—— CCD Esse *boom* era previsível, sempre houve boa literatura na América Latina. A Revolução Cubana foi uma circunstância que ajudou na sua divulgação. A mesma coisa acontecia nas artes plásticas, não esperamos a revolução para fazer nossas obras, não somos produto da Revolução Cubana, mas a coincidência de todos esses fatores criou um cenário favorável para nossas obras. E quando isso aconteceu estávamos ali, com propostas novas: argentinos, venezuelanos, brasileiros. Todos chegávamos à Europa com uma obra fresca e nova. Na Europa, o que então predominava era o informalismo, o tachismo, e nós chegamos com ideias diferentes.

—— AJ No entanto, é possível dizer que as obras dos latino-americanos também foram aceitas porque podiam ser lidas como a continuação de uma tradição visual europeia.

—— CCD Com certeza, porque estávamos trabalhando numa linha de pensamento nascida no Ocidente e porque, estruturalmente, somos filhos da Europa. Mas nosso discurso não era mais o da pintura tradicional; tínhamos um postulado diferente. Na realidade, foi uma espécie de oxigenação para a pintura europeia. Quando cheguei à Europa, em 1955, me senti sufocado pela pintura abstrata; pelo menos da maneira como vinha sendo praticada na época, ela estava morta para mim, convertera-se numa nova academia. O Salão de Maio parecia obra de um único artista. O mesmo acontecia com a pintura informal, em todo lugar via-se o mesmo quadro, o mesmo discurso repetido ao infinito. No meio desse marasmo, os artistas argentinos, brasileiros e venezuelanos chegávamos com propostas novas. Até então, os únicos artistas da América Latina conhecidos na Europa eram Roberto Matta, Wifredo Lam e Rufino Tamayo, todos surrealistas. Fora da Revolução Mexicana e desses três artistas, ninguém conhecia mais nada sobre a América Latina.

—— AJ É interessante comparar essa visão europeia da América Latina com a dos Estados Unidos, por exemplo, onde todos existem apenas como integrantes de uma comunidade, de uma minoria "étnica".

—— CCD As origens ou antecedentes sociais de uma pessoa eram irrelevantes naquele momento na Europa. O que interessava, antes de qualquer outra coisa, eram as ideias, as contribuições. No movimento da arte cinética ou na *nouvelle tendance*, por exemplo, havia iugoslavos, judeus, suíços, ingleses, italianos, latino-americanos, e todos nós expúnhamos juntos sem citar nossa nacionalidade. Esse movimento geracional nos uniu a todos em Paris, Milão, Londres ou Escandinávia. Nosso trabalho não era percebido como manifestação da arte latino-americana ou europeia, mas como um movimento em que artistas de origens latino-americanas tinham um papel significativo. Era uma posição muito diferente, em que a proposta plástica de cada um era mais importante que sua nacionalidade.

—— AJ E como você via os outros artistas latino-americanos?

—— CCD Como grandes artistas; não me importava se eram argentinos, uruguaios, brasileiros ou venezuelanos. Quando Waldo Rasmussen fez aquela exposição de arte latino-americana no Pompidou, fui convidado a dar uma palestra, e falei sobre minha discordância com o evento. Aquela exposição institucionalizava uma forma de marginalização como qualquer outra. Era um tipo de discriminação em que se aceitava sua existência não como um colega, um igual, mas como parte de uma minoria. Minha fala teve certo impacto, porque logo me convidaram para um programa de entrevistas na televisão, apresentado por Frédéric Mitterrand. No meio da conversa ele me perguntou: "Conhecemos seu trabalho, senhor Cruz-Diez, mas me diga: onde estão as raízes latino-americanas de sua obra?". Essa pergunta era justamente a que eu estava esperando que me fizessem. Sorri e respondi, em parte, com outra pergunta: "Eu responderia com prazer à sua pergunta se o senhor me explicasse, primeiro, onde estão as raízes ibéricas de

Picasso, onde estão as raízes gaulesas de Matisse...". Claro que o apresentador não tinha como responder à minha pergunta, todos os convidados começaram a rir, e assim passamos a outro assunto.

—— AJ *Robho* (1967-71) foi uma revista dinâmica em Paris, uma revista que publicou grande parte das manifestações mais audazes dessa época. Como você chegou a ser seu diagramador?

—— CCD Jean Clay era jornalista e trabalhava para a revista *Realités*, onde começou a escrever uma série de reportagens sobre o *boom* dos artistas latino-americanos em Paris. Foi assim que nos conhecemos, e ele começou a se relacionar conosco. Foi ele quem teve a ideia de criar a revista *Robho*, junto com o escritor Alain Shifres, o poeta Julien Blaine e a jornalista Christiane Duparc. A ideia surgiu durante uma reunião na minha casa, e, como todas essas experiências de vanguarda tinham de ser feitas com muito pouco dinheiro, cada um contribuiu com o que pôde. Contribuí fazendo a programação visual da revista. Cada número da *Robho* causava polêmicas por seu radicalismo. O próprio formato da revista e sua diagramação livre provocaram o aparecimento de várias revistas baseadas nos mesmos princípios [29 e 30].

—— AJ É notório que nunca houve nos Estados Unidos um fenômeno semelhante de aceitação da arte produzida por criadores de origem latino-americana. Lá, as relações com os artistas latino-americanos têm sido muito diferentes.

29 Capa de *Robho*, n.5/6, 1971.

30 Página 16 de *Robho*, n. 5/6, 1971.

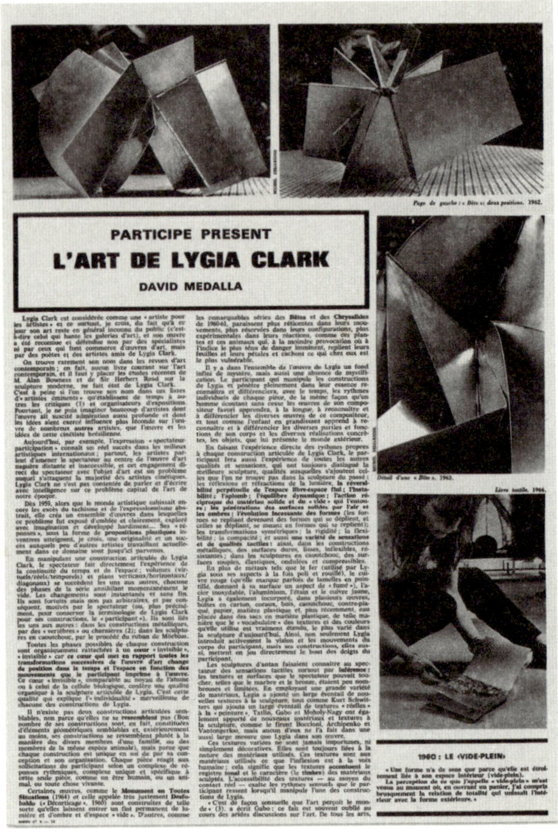

Page de gauche : « Bête »: deux positions. 1962.

PARTICIPE PRESENT

L'ART DE LYGIA CLARK

DAVID MEDALLA

Lygia Clark est considérée comme une « artiste pour les artistes » et ce surtout, je crois, du fait qu'à ce jour son art reste en général inconnu du public (c'est-à-dire celui qui hante les galeries d'art), et son œuvre a été reconnue et défendue non par des spécialistes ni par ceux qui font commerce d'œuvres d'art, mais par des poètes et des artistes amis de Lygia Clark.

On trouve rarement son nom dans les revues d'art contemporain ; en fait, aucun livre courant sur l'art contemporain, et il faut y placer les études récentes de M. Alan Bowness et de Sir Herbert Read sur la sculpture moderne, ne fait état de Lygia Clark. C'est à peine si l'on trouve son nom dans ces listes d'« artistes éminents » qu'établissent de temps à autres les critiques (1) et organisateurs d'expositions. Pourtant, je ne puis imaginer beaucoup d'artistes dont l'œuvre ait suscité admiration aussi profonde et dont les idées aient exercé influence plus féconde sur l'œuvre de nombreux **autres** artistes, que l'œuvre et les idées de cette cinétiste brésilienne.

Aujourd'hui, par exemple, l'expression « spectateur-participation » connaît un réel succès dans les milieux artistiques internationaux ; partout, les artistes parlent d'amener le spectateur au centre de l'œuvre d'art naguère distante et inaccessible, et cet engagement direct du spectateur avec l'objet d'art est un problème auquel s'attaquent la majorité des artistes cinétiques. Lygia Clark ne s'est pas contentée de parler et d'écrire avec intelligence sur ce problème capital de l'art de notre époque.

Dès 1959, alors que le monde artistique subissait encore les excès du tachisme et de l'expressionnisme abstrait, elle créa un ensemble d'œuvres dans lesquelles ce problème fut exposé d'emblée et clairement, exploré avec imagination et développé hardiment... Ses « réponses », sous la forme de **propositions plastiques** inventives atteignent, je crois, une originalité et un succès auxquels peu d'autres artistes travaillant actuellement dans ce domaine sont jusqu'ici parvenus.

En manipulant une construction articulée de Lygia Clark, le spectateur fait directement l'expérience de la continuité du temps et de l'espace ; volumes (virtuels/réels/temporels) et plans verticaux/horizontaux/diagonaux) se succèdent les uns aux autres, chacune des phases de la série annihilant momentanément le vide. Les changements sont instantanés et sans fin. Ils sont fortuits mais non pas arbitraires, et par conséquent, motivés par le spectateur (ou, plus précisément, pour conserver la terminologie de Lygia Clark pour ses constructions, le « participant »). Ils sont liés les uns aux autres : dans les constructions métalliques, par des « vertèbres » ou charnières (2); dans les sculptures en caoutchouc, par le procédé du ruban de Möebius.

Toutes les phases possibles de chaque construction sont organiquement rattachées à un **cœur** « invisible », « invisible » car **ce cœur qui met en rapport toutes les transformations successives de l'œuvre d'art change de position dans le temps et l'espace en fonction des mouvements que le participant imprime à l'œuvre.** Ce cœur « invisible », comparable au noyau de l'atome ou à celui de la cellule biologique, confère une qualité organique à la sculpture articulée de Lygia. C'est cette qualité qui explique l'« individualité » merveilleuse de chacune des constructions de Lygia.

Il n'existe pas deux constructions articulées semblables, non parce qu'elles ne se **ressemblent** pas (Bon nombre de ses constructions sont, en fait, constituées d'éléments géométriques semblables et, extérieurement au moins, ses constructions se ressemblent plutôt à la manière des divers membres d'une famille, ou des membres de la même espèce animale), mais parce que chaque construction est unique en soi de par sa conception et son organisation. Chaque pièce réagit aux sollicitations du participant selon un complexe de réponses rythmiques, complexe unique et spécifique à cette seule pièce, comme un être humain, ou un animal, ou toute chose vivante.

Certaines œuvres, comme le **Monument en Toutes Situations** (1964) et celle appelée très justement **Desfolhaldo** (« Décorticage », 1960) sont construites de telle sorte qu'elles laissent entrer un flot permanent de lumière et d'ombre et d'espace « vide ». D'autres, comme les remarquables séries des **Bêtes** et des **Chrysalides** de 1960-61, paraissent plus réticentes dans leurs mouvements, plus réservées dans leurs configurations, plus expérimentales dans leurs réactions, comme ces plantes et ces animaux qui, à la moindre provocation où à l'indice le plus ténu de danger imminent, replient leurs feuilles et leurs pétales et cachent ce qui chez eux est le plus vulnérable.

Il y a dans l'ensemble de l'œuvre de Lygia un fond infini de mystère, mais aussi une absence de mystification. Le participant qui manipule les constructions de Lygia et pénètre pleinement dans leur essence reconnaîtra et différenciera, avec le temps, les rythmes individuels de chaque pièce, de la même façon qu'un homme écoutant sans cesse les œuvres de son compositeur favori apprendra, à la longue, à reconnaître et à différencier les diverses œuvres de ce compositeur, et tout comme l'enfant en grandissant apprend à reconnaître et à différencier les diverses parties et fonctions de son corps et les diverses réalisations concrètes, les objets, que lui présente le monde extérieur.

En faisant l'expérience directe des rythmes propres à chaque construction articulée de Lygia Clark, le participant fera aussi l'expérience de toutes les autres qualités et sensations, qui ont toujours distingué la meilleure sculpture, qualités auxquelles s'ajoutent celles que l'on ne trouve pas dans la sculpture du passé : les réflexions et réfractions de la lumière, **la réversibilité perpétuelle de l'espace libre-espace fini ; l'instabilité ; l'aplomb ; l'équilibre dynamique ; l'action réciproque du matériau solide et du « vide » qui l'entoure ; les pénétrations des surfaces solides par l'air et les ombres ; l'évolution incessante des formes** (les formes se repliant devenant des formes qui se déplient, et celles se dépliant, se muant en formes qui se replient); les transformations symétriques ; la rigidité ; la flexibilité ; la compacité ; et aussi **une variété de sensations et de qualités tactiles** : ainsi, dans les constructions métalliques, des surfaces dures, lisses, inflexibles, résistantes ; dans les sculptures en caoutchouc, des surfaces souples, élastiques, ondulées et compressibles.

En plus de métaux tels que le fer (utilisé par Lygia sous ses aspects à la fois poli et rouillé), le cuivre rouge (qu'elle marque parfois de lamelles en pointillé, donnant à sa surface un aspect de « fumé »), l'acier inoxydable, l'aluminium, l'étain et le cuivre jaune, Lygia a également incorporé, dans plusieurs œuvres, boîtes en carton, coraux, bois, caoutchouc, contre-plaqué, papier, matière plastique et, plus récemment, eau placée dans des sacs en matière plastique, de telle manière que le « vocabulaire » des textures et des couleurs qu'elle utilise est vraiment étendu, le plus varié dans la sculpture d'aujourd'hui. Ainsi, non seulement Lygia introduit activement la vision et les mouvements du corps du participant, mais ses constructions, elles aussi, mettent en jeu directement le bout des doigts du participant.

Les sculptures d'antan faisaient connaître au spectateur des sensations tactiles surtout par **inférence** ; les textures et surfaces que le spectateur pouvait toucher, telles que le marbre et le bronze, étaient peu nombreuses et limitées. En employant une grande variété de matériaux, Lygia a ajouté un large éventail de nouvelles textures à la sculpture, tout comme Kurt Schwitters qui ajouta un large éventail de textures « réelles » à la « peinture ». Tatlin, Gabo et Moholy-Nagy ont également apporté de nouveaux matériaux et textures à la sculpture, comme le firent Boccioni, Archipenko et Vantongerloo, mais aucun d'eux ne l'a fait dans une aussi large mesure que Lygia dans son œuvre.

Ces textures variées ne sont jamais importunes, ni simplement décoratives. Elles sont toujours liées à la nature des matériaux utilisés. Ces textures sont aux matériaux utilisés ce que l'inflexion est à la voix humaine ; cela signifie que les textures **accentuent** le registre **tonal** et le caractère (le **timbre**) des matériaux sculptés. L'accessibilité des textures — au moyen du contact réel — exalte les rythmes sensuels que le participant ressent lorsqu'il manipule l'une des constructions de Lygia.

« C'est de façon sensuelle que l'art perçoit le monde » (3), a écrit Gabo ; ce fait est souvent oublié au cours des arides discussions sur l'art. De tous les arts,

Détail d'une « Bête ». 1963.

Livre tactile. 1964.

1960 : LE «VIDE-PLEIN»

« Une forme n'a de sens que parce qu'elle est étroitement liée à son espace intérieur (vide-plein).

La perception de ce que j'appelle « vide-plein » m'est venue au moment où, en ouvrant un panier, j'ai compris brusquement la relation de totalité qui unissait l'intérieur avec la forme extérieure. »

ROBHO n° 5 — 16

— CCD Isso talvez se deva a uma etapa de imaturidade e dependência cultural. Se você olhar os livros de arte norte-americanos de antes dos anos 1950, encontrará o mesmo panorama da pintura que se fazia então no México e no restante da América Latina.[29] Era a expressão tardia do que estava acontecendo em Paris e na Europa. Alguns pintores tinham muitas qualidades, outros menos, mas, no fundo, o conceito de arte era o mesmo. A partir de Jackson Pollock e da chegada dos surrealistas e Duchamp a Nova York, os

29 A esse respeito, é interessante ouvir a opinião de John Elderfield sobre a coleção do Moma: "Poucos anos depois da abertura do museu, em 1920, já era evidente que a instituição valorizava a arte contemporânea do México e dos Estados Unidos, ao mesmo tempo que reverenciava os cinquenta anos de história do modernismo clássico da Europa. A condição do México como nação favorecida não nos deve surpreender, dada sua longa e estreita relação com os Estados Unidos, a grande admiração dos nova-iorquinos pelos muralistas mexicanos e a grande popularidade, que o museu compartilhava, do realismo social estadunidense, o regionalismo da 'cena americana' e um neorromantismo do cotidiano. Na década de 1930, o museu era muito mais fascinado por esses estilos que pela arte abstrata norte-americana, o que significa que suas aquisições no país eram consoantes com as obras contemporâneas mexicanas e depois com as de artistas latino-americanos em geral – igualmente figurativas, é claro – que começou a adquirir. Na realidade, ambas eram vistas como arte 'das Américas' e, portanto, bem diferentes da arte europeia, com sua pesada tradição abstracionista". John Elderfield, "The Geometry of Change", in *A Constructive Vision: Latin American Abstract Art from the Colección Patricia Phelps de Cisneros*. Nova York: Fundación Cisneros, 2010, p. 318.

artistas americanos compreenderam que também eram criadores e podiam inventar arte, como estava ocorrendo na América Latina, embora ignorassem o que se passava ao sul do continente.

—— AJ Custa a crer que um grande país como os Estados Unidos tenha sido subordinado a mecanismos de evidente origem colonial como os que ainda hoje estão ativos na América Latina. Mas parece bem claro que entre as décadas de 1950 e 1970 os artistas e o meio artístico norte-americano em geral reagiam, pelo menos em parte, a necessidades similares às dos artistas latino-americanos. O que queriam os artistas norte-americanos? Ora, enfrentar o desafio da Europa, mostrar ao mundo que também eram capazes de criar obras originais, e além disso que agora eles é que estavam contribuindo com os movimentos artísticos de vanguarda do Ocidente. E o que queria um venezuelano? Não queria medir-se com os argentinos ou com os colombianos; nada disso, tal como os estadunidenses, queria medir-se com a Europa. E o mais interessante é que esses processos vão par a par com uma acentuada rejeição à experiência dos países vizinhos, ex-colônias como eles. As diferenças entre os cenários eram e são abissais, com certeza, mas os comportamentos eram similares porque tinham uma origem comum.

—— CCD **Sem dúvida. Eu também não queria ir ao Brasil ou à Argentina, vim a Paris para enfrentar o desafio de uma comparação com os artistas europeus no próprio território** deles. É o que estávamos discutindo no começo desta entrevista: queríamos ter um passaporte, uma voz, falar com eles de igual para igual. Hoje, ao contrário, quando já é universalmente aceito que os artistas estadunidenses estão no mesmo nível de quaisquer outros no planeta, e com frequência estão na origem de movimentos inovadores e fecundos, ninguém mais é movido pelos temores próprios da imaturidade. Há outro aspecto importante a ressaltar: os europeus tinham perante a América Latina uma atitude tão colonialista quanto a dos Estados Unidos e diziam que, se éramos politicamente dependentes de Washington, também devíamos sê-lo cultural e espiritualmente. Por isso, quando a Revolução Cubana triunfou e toda aquela grande geração de artistas latino-americanos chegou a Paris, eles descobriram que não, não éramos culturalmente dependentes como acreditavam, e que, pelo contrário, tínhamos razão de nos opor aos Estados Unidos da América. Nosso trabalho lhes mostrou que a arte é uma só, na Europa, nos Estados Unidos ou na América Latina. A arte é invenção, ponto final.

***

Em meio a esse clima de esperanças e de trabalho intenso, Carlos Cruz-Diez continuou sua busca pela maneira mais eficaz de lançar a cor no espaço, de libertá-la. E tudo isso se dá, como era de esperar, através de uma luta constante com a técnica e com os materiais disponíveis, seus limites e possibilidades. Logo no início da década de 1970, sobreveio a primeira grande crise do petróleo do século XX. Todos os materiais e produtos derivados do petróleo se tornaram inalcançáveis. Muitos inclusive desapareceram do mercado. Foi o caso, por exemplo, do PVC por extrusão, que Cruz-Diez vinha usando em suas Fisicromías. *Era preciso achar uma solução para continuar seu trabalho e, se possível, torná-la ainda mais eficaz. A solução foi encontrada na indústria do alumínio. Por volta de 1973, Cruz-Diez começou a fazer experiências com módulos de alumínio, que apresentavam uma particularidade: não eram mais tiras ou faixas justapostas, mas planos de aproximadamente um centímetro, sobre os quais ele podia imprimir entre duas e cinco linhas de cor.*

—— CCD Pensei que, para fazer as linhas, em vez de continuar pintando uma por uma as bordas das tiras de cartão ou de plástico, eu poderia transformar esses espaços dos módulos em uma superfície plana, o que me permitiria fazer não só paralelas, como também diagonais, o que descobri um ano depois, em 1974. A solução foi o alumínio, material abundante e leve. Usei os perfis disponíveis no mercado, mas a grande dificuldade era que eu não conseguia encontrá-los nas medidas apropriadas aos meus projetos. Mesmo assim, fabriquei algumas *Fisicromías* com perfis industriais de um centímetro de largura, como a obra que está na entrada do Banco Central da Venezuela [31].

Ficar na dependência do que a indústria resolvia pôr no mercado significava perder minha liberdade de criar. Eu tinha que procurar um modo de produzir meus próprios perfis de alumínio para ter a mesma liberdade que o PVC me dava. Mas eu nunca havia trabalhado com esse material, de maneira que precisei aprender as técnicas de cortar, dobrar, perfurar e pintar o alumínio. Para tanto, tive que fazer uma incursão na área da mecânica a fim de fabricar minhas próprias máquinas e ferramentas. Descobri que os perfis em "U" são fabricados a partir de chapas delgadas de alumínio que passam por uma série de cilindros de diferentes ângulos de inclinação, até chegar aos noventa graus. Eu precisaria ter uma dobradeira de cilindros, máquinas imensas e caríssimas que ocupariam todo o espaço do meu ateliê. Com a desculpa de comprar materiais, eu ia às fábricas ver os equipamentos, fazia croquis do seu funcionamento e pesquisava exemplos nos livros de maquinaria industrial. Essas máquinas, além de tudo, me permitiam fabricar perfis de diferentes larguras, o que me garantia a possibilidade de fazer obras de diversos tamanhos. Em algumas delas, por exemplo, uso perfis de doze, dezoito ou 24 milímetros, dependendo do tamanho da obra que eu queira realizar [32].

Assim que entendi o funcionamento dessas dobradeiras, me dediquei a desenhar uma que fosse adaptada às minhas necessidades. Eu me divertia muito, e continuo a me divertir, desenhando e construindo essas máquinas. Às vezes,

31 *Fisicromía Banco Central*, 1973.

32 Máquina feita por Carlos Cruz-Diez para pregar o alumínio em perfis com forma de "U".

passo dez ou quinze dias fazendo-as, mas logo recupero o tempo porque consigo acelerar os processos de fabricação.

Uma dessas máquinas foi muito divertida de conceber e desenhar. As *Fisicromías* necessitam de tensores para manter as lâminas externas unidas aos perfis em "U", e para isso eu devia perfurar os "us" de ambos os lados, de modo que os tensores pudessem passar de um perfil a outro e juntá-los ao bastidor de alumínio que os sustentava. O problema era abrir buracos simultâneos e exatos de cada lado do perfil. Eu precisava fazer quatro buracos, dois de cada lado, e não conhecia nenhuma máquina capaz de fazer isso. Curiosamente, a solução me veio durante um jantar em que estava comendo caranguejos. Ocorreu-me que uma máquina em

forma de patinhas de caranguejo poderia perfurar o metal facilmente pelos dois lados. Assim, fiz o desenho e fabriquei a máquina... Minhas máquinas não quebram nunca, ao contrário dos computadores que estão sempre pegando vírus. Venho usando algumas delas há trinta anos e ainda funcionam...

—— AJ Pensei que todas as suas máquinas fossem adaptações das existentes na indústria.

—— CCD A maioria é assim, mas no processo de buscar soluções para as minhas necessidades acabei inventando algumas. A fabricação dos perfis não tinha resolvido completamente os problemas das *Fisicromías*. Precisava pintar o alumínio, que tinha uma técnica especial, o que representou para mim outro processo de aprendizagem e de desenho de máquinas e ferramentas. Era preciso fazer linhas perfeitamente paralelas, e isso não podia ser feito por serigrafia; mas as máquinas industriais que permitiam fazê-lo, como as que se usam para imprimir circuitos elétricos, não se adaptavam às minhas necessidades, de modo que tive mais uma vez de projetá-las e fabricar minhas próprias impressoras para obter a precisão necessária.

Minha obra reflete uma programação sistemática. Um único elemento repetido ao infinito que gera, por acumulação, resultados diferentes do elemento inicial. Se, por algum motivo, ocorre uma variação milimétrica, um defeito mínimo, logo se percebe. Tudo deve ser perfeito, e essa perfeição é obtida pelo uso de ferramentas adequadas. Eu não podia fazer linhas perfeitamente paralelas com um pincel ou com um tira-linhas. Tinha que fabricar ferramentas adequadas para conseguir chegar à perfeição requerida. Além disso, as ferramentas tinham que ser de fácil manejo para que a equipe de colaboradores que sempre me acompanha pudesse realizar o trabalho. Sozinho eu não poderia ter feito tudo o que fiz. Preciso de uma equipe na qual cada um cumpra uma tarefa específica tendo em vista a montagem final.

—— AJ Aí entra em jogo o esquema de trabalho que você fornece aos seus assistentes de ateliê. Cada um recebe uma espécie de programa que lhe permite trabalhar de maneira coordenada uns com os outros, para que possam saber, por exemplo, quantas linhas da mesma cor, de que tamanho e em quantos módulos deverão ser impressas. É uma espécie de linha de montagem que exige um acabamento absolutamente perfeito em cada etapa [33 e 34].

—— CCD Sim, é uma obra que exige acabamentos perfeitos, e o alumínio me impunha uma série de condições. De início, quando trabalhava com cartões, pintava-os com rolinhos e uma tinta à base de caseína denominada Plaka. Depois vieram os polímeros. Mas, quando passei a usar o alumínio, tive de aprender a pintá-lo. Esse processo é bem complicado, sobretudo para obter uma pintura resistente que não descasque com o tempo. Para começar, era necessário desengordurá-lo – porque o alumínio é um metal gorduroso – e logo depois abrir poros nele. O tratamento empregado na indústria é submetê-lo a um banho com uma solução de ácido nítrico a dois por cento. Foi o que tentei fazer no meu ateliê. Primeiro, construí uma cuba, na qual despejei a solução de ácido nítrico a dois por cento, mas, no instante em que coloquei a primeira haste de alumínio, começou a sair uma fumaça tão densa que tivemos de sair correndo do ateliê, porque todo mundo começou a tossir. Abrimos as portas e continuava a sair fumaça. Quando voltamos, a haste de alumínio tinha desaparecido – o ácido tinha comido tudo. Isso não acontece na indústria, porque eles têm enormes extratores de fumaça e imediatamente submergem as peças em água para neutralizar o ácido. Tive então que pesquisar outras possibilidades.

33 *Physichromie nº 662*, 1973.

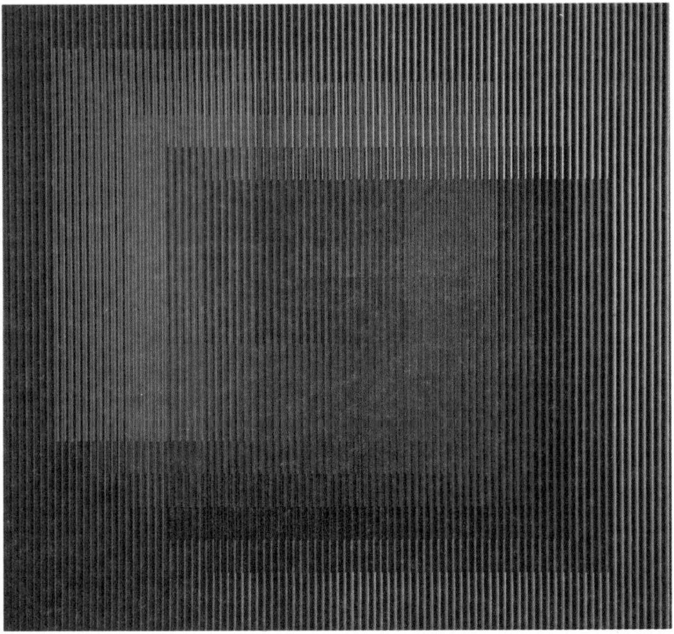

Fiz várias experiências para criar os poros de que o alumínio necessita; a solução mais simples que descobri foi lixar a superfície. Depois de lixada e desengordurada com detergente, aplicava com rolinhos um fundo de cromato de zinco. Em seguida, lixava de novo para retirar as asperezas e, por fim, aplicava uma camada de tinta acrílica branca. Após esse longo processo, os módulos estavam preparados para imprimir por serigrafia linha por linha.

—— AJ O alumínio lhe ofereceu diferentes soluções e abriu novas possibilidades. Primeiro, eliminou quase todas as limitações de tamanho que tanto o cartão como o PVC por extrusão impunham. É claro que isso exigiu trabalhar em espaços maiores, o que você já tinha conseguido fazer em Caracas, em 1973.[30] Por outro lado, com o alumínio, as estruturas se tornaram consideravelmente mais leves, o que resolveu os problemas ligados ao peso na hora de trabalhar com formatos de grandes dimensões, como requeriam suas intervenções na arquitetura.

—— CCD Acima de tudo, o alumínio me trouxe um elemento bastante útil para enriquecer meu discurso sobre os *Módulos de acontecimiento cromático* – eu não estava mais limitado à justaposição de linhas paralelas. Agora, com os perfis, tenho uma superfície que me permite imprimir diagonais superpostas às linhas paralelas do fundo. Dessa maneira, consigo modular a quantidade de cor que participa da mistura óptica. Se observarmos com atenção, veremos que a diagonal começa encobrindo toda a linha da esquerda, e,

—— 30 A instalação do ateliê de Caracas criou todo um conjunto de necessidades, entre elas a de controlar a gama de cores utilizada nos dois ateliês. Numa época em que não existia nem fax nem computador, era essencial definir uma paleta perfeitamente controlada, que pudesse servir de referência para os assistentes nos dois ateliês. Dessa maneira, bastava indicar o número, todos sabiam exatamente que cor deviam empregar.

34 Esquemas para impressão da *Physichromie nº 662*, 1973. O primeiro esquema mostra a organização geral da obra. O segundo indica a cor das linhas, sua posição e medidas em cada módulo.

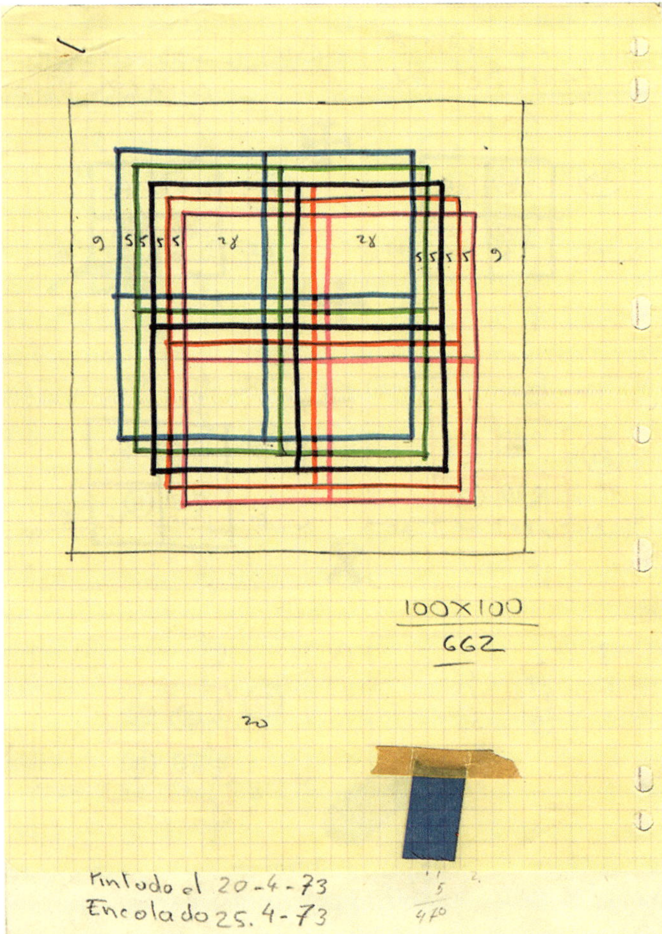

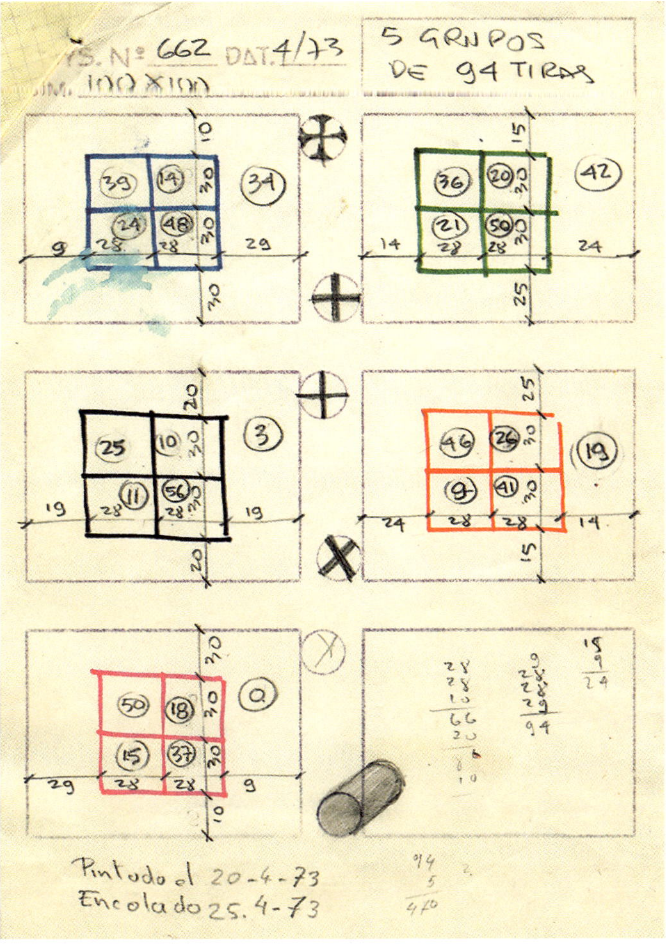

5 GRUPOS DE 94 TIRAS
Pintado el 20-4-73
Encolado 25.4-73

à medida que atravessa o módulo, vai deixando expostas porções cada vez maiores dessa linha, enquanto recobre as linhas que o seguem. Assim, posso regular a quantidade de cor que interage em dado segmento da peça. Com o alumínio, além disso, resolvi muitos problemas anteriores de peso e tamanho. Mas continuei simplificando visualmente o trabalho. Não há mais as manchas ou os climas informais do início, nem as composições de espaços ativos sobre fundos inertes. Agora, existem retângulos, círculos ou quadrados, às vezes sozinhos, outras vezes em superposições, ou apenas atmosferas que ocupam toda a superfície da obra, sem nenhuma forma. Aos poucos, fui me concentrando no uso do quadrado, que é a forma mais simples.

—— AJ Sempre que vejo essas obras centradas no quadrado, tenho a impressão de estar contemplando um fenômeno de citação histórica. Quando nos referimos ao quadrado, principalmente no caso de uma obra dedicada à cor, não podemos deixar de considerar a figura de Josef Albers e sua *Homenagem ao quadrado*. É uma maneira de dizer que as *Fisicromías* superavam as soluções que ele ofereceu.

—— CCD Não exatamente. Eu queria evitar as possíveis conotações implícitas em formas mais detalhadas e complexas. Tratava-se de encontrar a solução mais eficaz para evidenciar a mutação da cor, e o quadrado me pareceu mais adequado para isso. É importante reiterar que o que aparenta ser forma, na realidade, não é. As acumulações de um módulo linear é que geram a área de um quadrado, de um triângulo ou de uma oval. Joseph Albers usou o quadrado por ser uma forma que não tem dono nem significações preestabelecidas, e o fez para deixar manifesto o comportamento da cor sobre o plano, nada mais. É o mesmo critério de anonimato para apresentar a cor no espaço, desprovida de aspectos incidentais, mas não na superfície ou no plano, como fez Albers.

É interessante, para não dizer comovente, observar a batalha constante do artista com o mundo a sua volta. No caso de Carlos Cruz-Diez percebe-se claramente essa luta incessante – às vezes consciente, às vezes ignorada – contra o gosto pessoal e as imposições do estilo, por um lado, e contra a história da arte e as obras dos artistas que tentaram projetos similares, por outro. E também uma luta, não menos significativa, contra as limitações da matéria e do tempo. Libertar a cor de suas restrições formais para projetá-la no espaço como presença etérea de luz exigiu-lhe um enorme trabalho material e técnico. Tão delicada e furtiva é em sua obra a atmosfera que emana do espaço normalmente ocupado pela superfície pictórica, como pesado e opaco é o objeto em si. Foi assim quando ele trabalhou com cartão aplicado sobre madeira, e depois com o PVC por extrusão, também sobre madeira. Ao adotar o alumínio, Cruz-Diez superou muitas limitações impostas pelo cartão e pelo PVC, especificamente o peso e suas restrições de escala, mas só o conseguiu enfrentando desafios técnicos que poucas pessoas são capazes de encarar. É sem dúvida surpreendente, e um feito denso de sentido, constatar esse enorme trabalho material para apresentar a cor como algo sutil, que flutua no espaço sem constrições materiais.

—— CCD Eu estava constantemente experimentando, testando, buscando novos materiais e novas formas de libertar a cor para lançá-la no espaço. Aos poucos foram surgindo propostas diferentes, como as *Inducciones cromáticas*, as *Cromointerferencias* e, logo, as *Cromosaturaciones* e as *Transcromías* [35]. Novas soluções nascem da experimentação constante e também do acaso. Certo dia, em 1963, eu havia programado uma obra em serigrafia, uma *Cromointerferencia* de várias cores. Já tinha imprimido a trama em azul e começava a imprimir a trama em preto, quando, ao levantar o bastidor para ver como tinha ficado, descobri o aparecimento óptico de um amarelo bem intenso. Assim nasceu, por acaso, a primeira *Inducción cromática* [36].

—— AJ Foi um achado.

—— CCD Um achado em termos, porque eu sabia o que estava vendo, a razão do surgimento dessa cor. Era complementar do azul que aparecia simultaneamente à cor que a originava. Trata-se de um fenômeno perceptivo chamado "cor complementar", "contraste simultâneo" ou "indução", que se produz em dois tempos. O olho precisa estar saturado de azul por uns vinte ou trinta segundos para que, a um desvio do olhar, a mesma forma apareça em amarelo. Ali eliminamos uma etapa, não precisava mais saturar o olho para perceber o amarelo, porque as coisas aconteciam simultaneamente. O que fiz foi isolar e dominar o fenômeno que acabava de se produzir para convertê-lo em discurso e não em simples demonstração de um fenômeno óptico já conhecido. Depois, fiz testes com outras cores primárias e o resultado foi exatamente o esperado. No meio dessas experiências houve outras surpresas, como a produção do vermelho com o verde e o preto. Mas, repito, o importante para mim não é o fenômeno, e sim a possibilidade de tê-lo encontrado para enriquecer meu discurso.

—— AJ Qual foi a primeira *Inducción* realizada a partir dessa experiência?

—— CCD A primeira *Inducción* foi para a revista *K*, editada em Paris pelo marido de Lourdes Castro, o artista português René Bertholo. Ele editava a revista em parceria com Christo e o grupo dos neorrealistas. Era uma revista muito original, para cada número os artistas desenhavam um cartão-postal. Nesse ano eles publicaram minha primeira *Inducción cromática*, a indução do amarelo. Não a considero um simples trabalho gráfico, pois foi a gênese de toda a série de obras que denominei *Inducciones*.

Algo parecido ocorreu na invenção da primeira *Cromointerferencia* [37]. Em 1964, eu estava fazendo experiências em serigrafia com uma série de tramas impressas e

35 *Transchromie*, 1965.

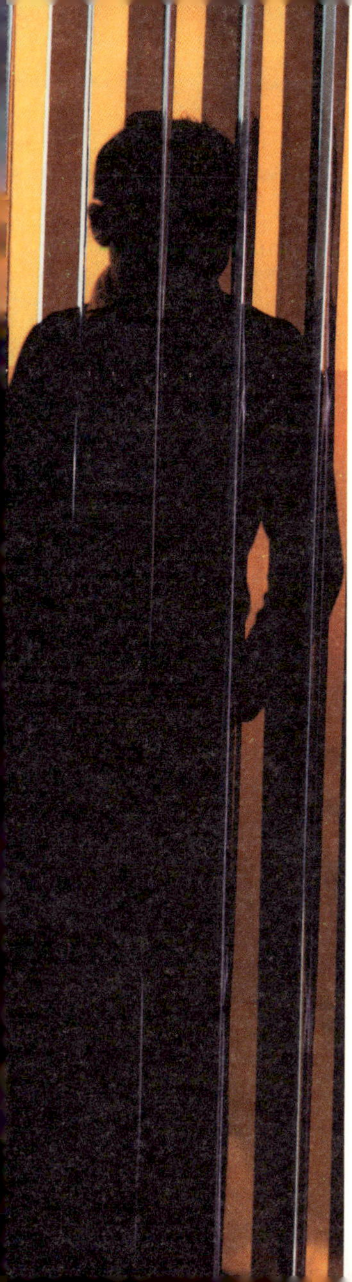

36 *Induction chromatique. Bleu + noire = jaune*, 1963.

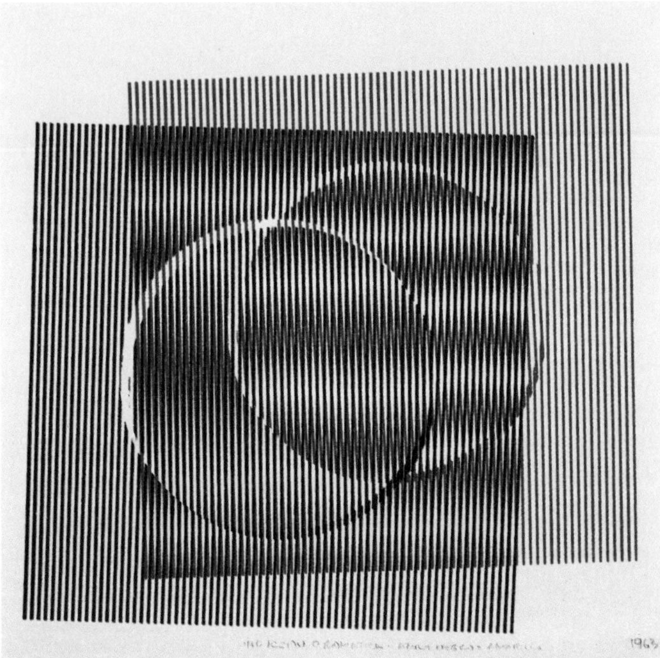

37 *Physichromie nº 118 (Chromointerference [Boîte à manipuler])*, 1964.

resolvi sobrepor um plástico transparente com o mesmo padrão de linhas, o que gerou uma interferência de cores que se modificava à medida que eu movimentava a trama impressa sobre o plástico transparente. Descobri que minha dificuldade de ler as diferentes tramas fazia aparecer gamas de cor que não existiam quimicamente sobre o suporte. E, ao mover a trama, os movimentos eram contrários ao movimento real dela. Denominei-as "falsos prismas", porque geravam o espectro complexo da luz em um suporte opaco.

—— AJ Esse tipo de violência a que sua pintura submete o olho, obrigando-o a enxergar mais do que o habitual, me parece muito interessante, assim como o imenso trabalho técnico necessário para fazer com que esses efeitos se produzam sem erros, sem manchas, quer dizer, para obter efeitos cromáticos limpos.

—— CCD Isso se deve a um longo e persistente processo de pesquisa. Se eu não tivesse a disciplina da reflexão crítica sobre meu trabalho, não teria solucionado a incoerência das primeiras, onde havia dois discursos superpostos dificultando o entendimento das pessoas sobre o que eu queria dizer.

—— AJ Na verdade, sempre achei que suas melhores obras são as menos compostas, menos formais, nas quais se vê apenas um campo de cor que se transforma com o tempo. São essas peças que demonstram sua melhor contribuição para a história da cor na pintura ocidental. Se compararmos uma dessas *Fisicromías* com uma das mais abstratas *Ninphéas*, de

Monet, a que se encontra na Tate Gallery de Londres, por exemplo, isso fica evidente [38 e 39]. A *Ninphéas* da Tate é uma pintura de mais de dois metros de altura por quase quatro metros e trinta de largura, o mesmo formato de muitas *Fisicromías*; é uma obra quase abstrata, praticamente um campo de cor sobre a tela, e, ademais, esse campo de cor é, ou pretende ser, um equivalente dos reflexos da luz na superfície da água. Pois bem, suas *Fisicromías* são exatamente isso no espaço, uma *Ninphéas* de Monet em tempo real. Há uma continuidade real de propósitos entre você e Monet.

—— CCD **Quantas horas passei olhando para elas!... As *Ninphéas* são fascinantes, nos fazem entrar em êxtase, nos transportam além dos limites físicos do suporte da obra. Não é exagero dizer que Monet e os impressionistas, tal como Velázquez em sua época, reinventaram a pintura, uma reflexão totalmente oposta à de Duchamp, dos dadaístas, de Yves Klein e alguns outros, inclusive de nós mesmos, que decretamos a morte da pintura por considerá-la uma forma de expressão totalmente esgotada. Do ponto de vista conceitual, a pintura morreu muitas vezes e ressuscitou outras tantas. Não estou falando da pintura como a expressão milenar de pintar sobre uma tela – isso é algo que transcende o próprio fato da imagem ou do suporte. Estou falando do conjunto de sensações, emoções e mecanismos de sublimação que esse meio suscita, qualquer que seja o suporte. É "arte" em uma de suas plataformas fundamentais de**

38 Claude Monet, *Ninféias*, depois de 1916.

expressão. A condição congênita de uma maneira de dizer que provoca sentimentos e emoções muito específicos. O que se questiona é a maneira de dizer, não o "gênero expressivo da pintura", que é inato no homem. Um dos primeiros mecanismos de expressão da criança é pintar, logo, é uma condição essencial da experiência humana.

Fiz um grande esforço para dar ao meu trabalho uma sólida base histórica na "pintura", o que me permitiu avan-

çar nos conceitos. Com isso pretendo deixar claro que meu trabalho tenta fazer uma contribuição, dar um passo adiante entre a intenção histórica de colorir e a intenção de projetar a cor no espaço, instantaneamente, assim como a própria realidade. As *Ninphéas* podem ser vistas de qualquer ângulo, a qualquer hora do dia, e não se modificam nem se modificarão jamais, porque exprimem o conceito da memória, o que Monet foi capaz de detectar num instante efêmero. Elas são

39 *Fisicromía nº 2422*, 2002.

a transposição de uma realidade que Monet viu e capturou para a posteridade. As *Fisicromías*, ou qualquer outra obra minha, expressam justo o oposto, porque são realidades. Não há memórias nem recordações. Elas geram um acontecimento à passagem da luz e daquele que as olha.

—— AJ Há um passo adiante, sem dúvida, mas há também continuidade de propósitos entre o que você faz e o que Monet

buscava, a criação de uma atmosfera de cor. Por isso ele pintava o reflexo na água, e nem sequer pintava os corpos em si. Você não pinta os efeitos dessa luz refletida, trabalha com a luz refletida no espaço, mas do ponto de vista conceitual estamos diante do mesmo objetivo.

—— CCD É o resultado da fascinação que sentimos diante dos fenômenos cromáticos da natureza. Em 1947, quando fui pela primeira vez à planície, perto de Acarigua, vivi uma experiência extraordinária chamada "o sol dos veados". É um fenômeno de condensação atmosférica que se produz quando o sol está muito baixo, próximo do horizonte. Não se vê o sol, e a umidade da atmosfera faz com que tudo fique avermelhado, como uma cor laranja quente... Tudo se banha de cor, como numa *Cromosaturación*. Um dia, em Barquisimeto, observei um fenômeno parecido. Por isso, quando tive a oportunidade de realizar a obra urbana para Barquisimeto, chamei-a de *Cromoestructura radial en homenaje al sol*, em recordação dos extraordinários crepúsculos que lá se produzem, crepúsculos que são verdadeiras *Cromosaturaciones*. Anos mais tarde, li um conto de Edgar Alan Poe que fala de uma festa onde os convidados tinham que caminhar por salas de todas as cores até chegar a um quarto vermelho.

—— AJ É exatamente isso que faz uma *Cromosaturación*. Isola, reproduz dentro das regras da arte esse fenômeno natural de condensação cromática.

—— CCD As *Cromosaturaciones* não surgem dessa experiência naturalista. Surgem em 1965 de uma reflexão e de uma observação minuciosa do que sucedia com as *Fisicromías*. Para fazê-las, eu usava bastidores com ranhuras onde colocava as lâminas verticais, entre as quais intercalava as linhas de cartão, que depois colava sobre um fundo de madeira. Eu usava uma lâmpada para observar como a peça funcionava, especialmente o que acontecia ao projetar a cor das lâminas verticais sobre as linhas coloridas do fundo. Quando o projetor iluminava a lâmina transparente, tudo se coloria dentro do módulo. Esse espaço minúsculo se transformava em uma atmosfera de cor onde aconteciam fenômenos extremamente sutis e de grande beleza. A partir dessa observação, imaginei o que poderia acontecer se levasse à escala humana o que ocorria no interior desses módulos. Foi assim que nasceu a possibilidade das *Cromosaturaciones*.

—— AJ As *Cromosaturaciones* (em especial, a última que vi) representam, no meu entender, a intenção mais acabada de trabalhar com a cor de um modo realmente desligado de qualquer obrigação formal. Por isso me parece importante determinar com precisão como e quando nasceram as primeiras obras desse tipo, e também como se desenvolveram ao longo do tempo.

—— CCD Já conversamos sobre a primeira ideia que surgiu de uma análise detalhada das minhas *Fisicromías*, em especial daquelas em que uso pela primeira vez o PVC transparente para fazer as lâminas verticais. Nesse momento, comecei a me perguntar o que aconteceria se eu pudesse penetrar nessas atmosferas completamente saturadas pela cor. Em 1965, construí a primeira maquete, que era simplesmente uma série de cubículos divididos em três seções: uma vermelha, uma verde e uma azul [40]. Imaginei que esses cubículos ou corredores poderiam ser instalados em um jardim ou na rua, para transfigurar a visão exterior e saturar

40 Primeira maquete de *Chromosaturation* para um espaço público, 1965.

a retina de cor, modificando assim a cor de nossa pele e das coisas que nos rodeiam. As paredes eram feitas de PVC transparente, como o que usava nas minhas *Fisicromías*, e eu previra a instalação de lâmpadas de cor nos tetos, destinadas a mergulhar o espectador em luzes coloridas. Mas naquele momento não pude executar o projeto em tamanho real.

—— AJ De certa forma, reproduziu um espaço que estava acontecendo nas *Fisicromías*. Pegou o que você tinha feito na pintura para torná-lo uma experiência tangível para o espectador.

—— CCD Exatamente, minha intenção era oferecer ao espectador a possibilidade de penetrar nesses ambientes de cor onde se produziam fenômenos belíssimos. A ideia nasceu também de uma reflexão pessoal sobre a origem das culturas no mundo e a possibilidade de fazer a nossa cultura evoluir para estágios de mais liberdade individual. Sempre pensei, e continuo pensando, que as culturas possuem uma espécie de "fato primordial" que lhes serve como ponto de partida, uma situação simples que desperta a sensibilidade dos indivíduos e conduz à criação de sistemas complexos de pensamento e mitos. Minha esperança era que, ao submeter o espectador contemporâneo a situações primárias, como essa da percepção pura da cor, eu pudesse contribuir para despertar sua sensibilidade. Por isso uma das minhas primeiras propostas, depois dessa maquete inicial, foi a criação do que chamei de *Laberinto de descondicionamiento* [41]. A ideia era criar um ambiente múltiplo que estimulasse os diferentes sentidos do espectador na intenção de ajudá-lo a romper as ataduras da alienação das sociedades contemporâneas. Primeiro, o espectador passava por um corredor de temperaturas diferentes (frio, quente, *nº 1*), depois chegava a um espaço tátil (*nº 2* a *nº 8*), onde tinha de lidar com diversas texturas, algumas envolvendo o corpo todo, outras que ele somente podia tocar com as mãos etc. Por último, o espectador tinha de passar por ambientes de experiências acústicas (sala dos ecos, sala de percussões etc., *nº 10* a *nº 15*), e, em seguida, por uma área de ambientes cromáticos (*nº 16* e *nº 17*), uma espécie de espaço *cromointerferente*, e, por último,

41 Esquema para o *Laberinto de descondicionamiento*, 1965.

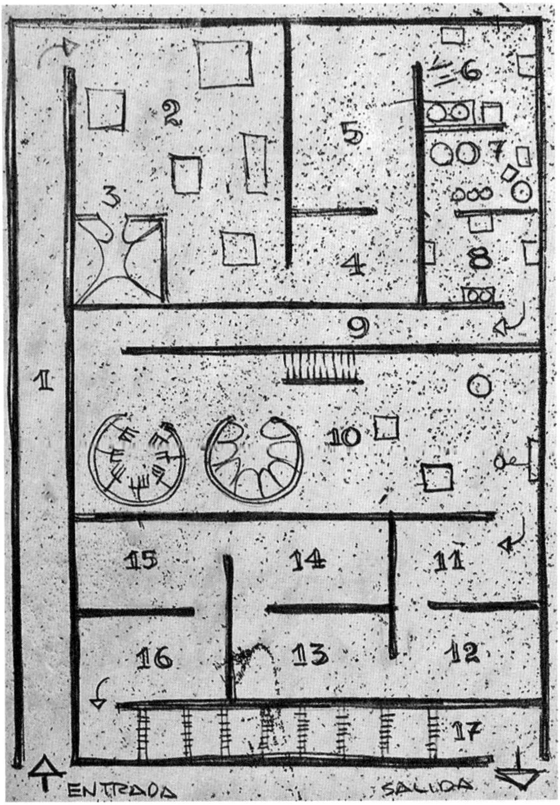

uma *Cromosaturación*. Esse conjunto foi exibido em parte na exposição que realizei no Museo de Arte Moderno de Santo Domingo, na República Dominicana, em 1994, onde montei algumas dessas experiências.

— AJ A pintura moderna dos séculos XIX e XX desenvolveu-se em grande medida com base em uma asserção fundamental: que o mundo perceptível através de nossos cinco sentidos é apenas uma parte do real, e que além do testemunho dos sentidos se estende o mundo do possível, do experimentável. Daí decorre o impulso por trás de todas essas experiências que tentam nos impelir a enfrentar situações de descondicionamento, experiências capazes de despertar uma percepção mais ampla e mais completa do real. Buscar o testemunho de todos os sentidos, e não só o da visão, como tem feito a pintura desde tempos imemoriais, pode ser explicado no contexto de um desejo de superação dos limites sensoriais do ser humano e, portanto, de superação de um meio (a pintura) tradicionalmente limitado ao testemunho da visão. Em fins dos anos 1950 e durante a década de 1960, uma infinidade de artistas em toda a Europa, Estados Unidos, Japão e América Latina estavam trabalhando em situações ambientais que pretendiam estimular todos os sentidos. Não me surpreende que nesse momento você tenha tido a oportunidade de fazê-lo.

— CCD Esse tema interessou à minha geração. Entre os primeiros está, sem dúvida, Lucio Fontana, com seu espaço penetrável de 1949. Depois, Yves Klein com o espaço azul e o espaço vazio.[31] E também o Grupo de Recherche d'Art Visuel, Lygia Clark, Gianni Colombo e muitos outros. Eram obras que buscavam a participação total do espectador.

—— AJ Depois dessas duas propostas iniciais, nunca realizadas completamente, a primeira oportunidade que lhe surgiu para pôr em prática suas ideias participativas foi a exposição de Grenoble, em 1968.

—— CCD Sim, essa foi a primeira oportunidade que tive de produzir uma *Cromosaturación*. Foi na exposição *Cinétisme Spectacle Environment*, organizada pela Maison de la Culture de Grenoble, em 1968. Nesse momento, batizei-a de *Cabines de déconditionnement de la couleur* [Cabines de descondicionamento da cor] [42]. Nessa primeira *Cromosaturación*, o espectador entrava por um corredor escuro que dava acesso a três quartos saturados de cor: um azul, um vermelho e um verde. O teto de cada cubículo era como

—— 31 Em 14 de janeiro de 1961, Yves Klein organizou a exposição *Monochrome und Feuer*, no Museu Haus Lang de Krefeld. Ali ele apresentou "uma sala vazia" dedicada à "Sensibilité picturale immaterielle" [sensibilidade pictórica imaterial]. Tratava-se de um espaço de 4,40 × 1,60 × 2,90 m, inteiramente pintado de branco e iluminado com dois tubos de néon. A ideia era impregnar o espaço dessa sensibilidade pura, assim como esponjas se impregnam de azul. Mesmo que não se tratasse de uma saturação cromática do espaço, é claro que Cruz-Diez faz como Yves Klein, impregnando o espaço com uma "qualidade" ou "valor" imaterial, em seu caso, a cor.

42 Esquema para a *Cromosaturación de Grenoble*, Maison de la Culture, Grenoble, França, 1968.

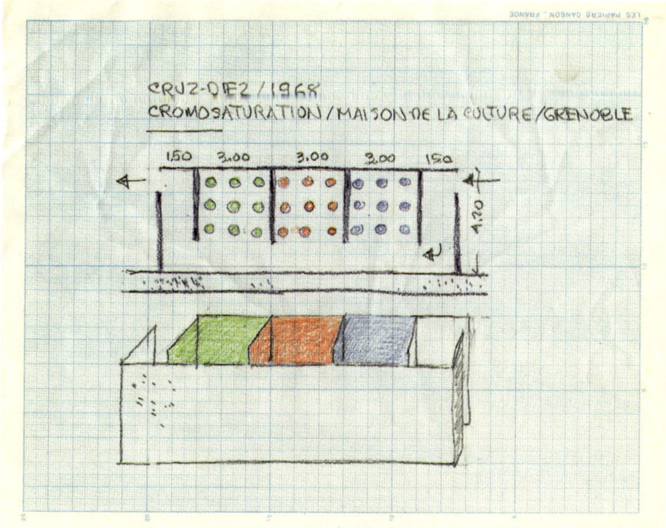

uma caixa onde se escondiam lâmpadas de néon branco com uma tampa de acrílico transparente azul, vermelho e verde. O público circulava pelo corredor sem entrar em nenhum dos cubículos saturados de cor. Simplesmente passava ao largo, sem prestar atenção no que estava acontecendo ali. No entanto, o que se passava no corredor, ali onde a luz de um cubículo se unia à que provinha do outro, era realmente bonito. O público não via nada, porque passava ao largo, sem se deter.

Quando tive a oportunidade de fazer uma segunda *Cromosaturación*, na exposição *Environnement, Bonalumi, Honneguer Cruz-Diez* no Museum am Ostwall, na Alemanha, recorri a uma forma labiríntica, de maneira que o público se visse obrigado a passar e a deter-se nos espaços saturados de cor [43]. Nessa segunda versão, introduzi um corredor de limpeza perceptiva, com vinte metros de largura, com base na ideia de limpar a visão que o espectador trouxe do mundo externo e prepará-lo para a experiência que ia ter em seguida. O público tinha de entrar por um corredor com cortinas cinzentas transparentes que iam clareando aos poucos até chegar a um espaço completamente branco e ofuscante. Depois disso, o espectador estava pronto para entrar no primeiro espaço cromossaturado azul, depois no vermelho, no verde e por último num espaço de luz branca. Cada um desses espaços cromossaturados era separado por um cubículo escuro e pintado de preto, para que a pós-imagem desaparecesse antes de ele entrar no espaço com a outra cor. A forma labiríntica obrigava-o a passar de um espaço de cor para o outro. Lamentavelmente, com essa forma labiríntica não se produzia a experiência do corredor da *Cromosaturación* de Grenoble, onde a cor de uma cabine cruzava com a cor da cabine seguinte.

Nessa exposição de Dortmund fiz também uma variante das *Cromosaturaciones*, as *Duchas de cromosaturación y inducción cromática*. Nessa obra, explorei tanto

43 Esquema para o *Laberinto de cromosaturación*, Museum am Ostwall, Dortmund, Alemanha, 1968.

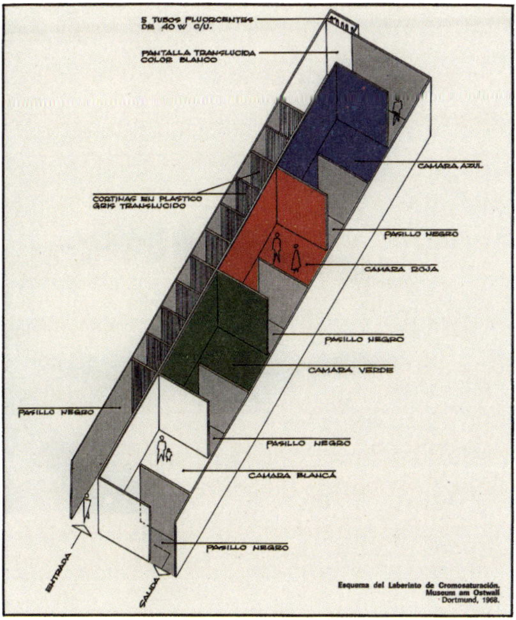

a saturação cromática de um espaço como a indução de sua cor complementar. Para um observador cuidadoso, os intervalos entre as tiras de cor transparente se saturavam da cor complementar. Se as lâminas eram vermelhas, os interstícios eram verdes. Se as lâminas eram azuis, os interstícios se tornavam amarelos etc. É muito difícil fazer entender um discurso inédito. Para um espectador que, pela primeira vez, experimenta um espaço monocromático, não é fácil decifrar o que seu olhar está lhe transmitindo. Por isso, em cada solução procuro simplificar e tornar claro o que ali se passa, e que o espectador comum não percebe. Se ele tem a curiosidade de permanecer nesse espaço vazio e sem formas, começará a surpreender-se e logo descobrirá que estão acontecendo coisas que antes não havia observado. Aí, ele começa a buscar referências e a mitificar.

—— AJ A experiência seguinte foi em 1969, no Boulevard Saint Germain, fora da estação de metrô de Odéon, em Paris [44].

—— CCD Sim, o Centre National d'Art Contemporain (CNAC) organizou um concurso de arte na rua e fui um dos vencedores. Nicholas Schöffer, Piotr Kowalsky, Lily Greenham e eu participamos, cada um com um trabalho de arte em diferentes lugares da cidade. Meu projeto tinha o objetivo de saturar a pele do espectador e os objetos com a ajuda de mil e quinhentos watts de lâmpada brilhante dicroica no teto de cada cabine. As lâmpadas produziam cores mais intensas do que as das *Cromosaturaciones* anteriores, mas com o inconveniente de gerar calor excessivo. Pouco tempo depois, em 1972, quando recriei esse projeto para a exposição *Douze Ans d'Art Contemporain en France*, no Grand Palais, usei néon, porque é uma luz fria. Mas o que fiz dessa vez foi cobrir a lâmpada de néon com filtro de cor, o tipo usado para cinema e televisão; isso me permitiu obter a cor exata que estava procurando. Além disso, essa *Cromosaturación* foi realizada com uma série de cubículos, alguns com paredes transparentes que permitiam ao espectador comparar o mundo exterior com a situação de monocromia em que ele se encontrava.

—— AJ Quando você encontrou a solução, que poderíamos chamar de "clássica", para as *Cromosaturaciones*?

—— CCD Não há nenhum formato clássico. Ao contrário, o interessante é justamente que cada *Cromosaturación* é diferente da outra. Alguns elementos se mantêm, como a sucessão das cores básicas, as cores primárias da luz. O vermelho sempre tem um lugar central, ladeado pelo azul e pelo verde. Cada *Cromosaturación* difere na maneira como é adaptada tanto ao espaço como às circunstâncias ou ao evento de que participa. Por exemplo, a *Cromosaturación* que fiz na sala Cadafe, na extensão leste do Museo de Arte Contemporáneo de Caracas, em 1974, era um espaço único que eu saturava de cor a cada trinta segundos usando programação eletrônica, o que era muito complicado naquele tempo. Hoje, com computadores, posso fazer isso com muita facilidade.

—— AJ Quando você começou a introduzir as formas geométricas que estão em suas *Cromosaturaciones* mais recentes?

—— CCD Os volumes geométricos ajudam a demonstrar a transformação progressiva da cor no espaço. Isso

44 *Chromosaturation: Labyrinthe pour un lieu public* [Cromossaturação: Labirinto para um espaço público], Place d'Odéon, Boulevard St. Germain, Paris, 1969.

45 *Cromosaturación*, 1998 [detalhe]. *Retrospectiva de Cruz-Diez: 1954-98*, Städtische Museum, Gelsenkirchen, Alemanha, 1998.

começou com a minha exposição retrospectiva realizada no Städtische Museum em Gelsenkirchen, na Alemanha, em 1998 [45]. Foi um acaso. Tinham me colocado no ático do museu, onde havia vigas de madeira que atravessavam todo o espaço. Elas faziam parte da estrutura do teto e eu não podia retirá-las. Foi surpreendente que entre um e outro espaço de cor estavam interpostas as vigas da estrutura, que se transformaram em um espetáculo inesperado. As vigas ficaram impregnadas de uma cor tão intensa que as pessoas procuravam os projetores de onde imaginavam que as cores saíssem, quando na verdade elas resultavam de um fenômeno de pós-imagem. O violeta ou o amarelo eram os complementos das cores que banhavam os espaços. Se você mudasse sua posição e a cor do ambiente mudasse, a viga se transformaria de maneira realmente surpreendente. Dessa experiência surgiu a ideia de agregar volumes no meio das *Cromosaturaciones* para tornar evidentes essas transformações e intensificar a experiência do espectador. A primeira peça que fiz com esses volumes foi a *Cromosaturación* da minha retrospectiva no Museo de Arte Moderno Jesús Soto, em Ciudad Bolívar, nesse mesmo ano. As cores que se misturam na passagem de um espaço para o outro já estavam presentes na *Cromosaturación de Grenoble*, em 1968.

A realidade da arte

É fascinante testemunhar esse ir e vir da obra ao mundo e do mundo à obra. As Fisicromías *surgem de certa maneira como modelo reduzido do que se observa na paisagem, especialmente no vale de Caracas, onde os professores de paisagem de Cruz-Diez lhe ensinaram a ver a cor. A pintura se torna então uma atividade que isola, reproduz, a fim de representar intencionalmente as coisas que podem ser observadas no mundo. Mas depois, a partir dessa experiência pictórica, surge outro corpo de obra que pretende alcançar uma escala humana e que se torna todo um mundo para o observador participante. Sua finalidade é ajudar-nos a ver mais e melhor o que acontece no mundo fora de nós, o que está acontecendo na realidade a cada instante. Nem mais nem menos, o que Carlos Cruz-Diez nos descreve talvez seja a mais antiga definição de arte, essa que Van Gogh recupera nos teóricos da Antiguidade e que o definem como "o homem acrescentado à natureza: à natureza, à realidade, à verdade, mas com um significado, com uma concepção, com um caráter, que o artista ressalta, e aos quais dá expressão, 'resgata', distingue, liberta, ilumina".*[32]

— CCD Sustento que os artistas cinéticos podem ser considerados pintores realistas. Separam o que é real, to-

32 Vincent van Gogh, *Cartas a Théo.*, trad. Pierre Ruprecht. Porto Alegre: L&PM, 2007, pp. 38-9.

mam sua essência e criam outra realidade que é tão real quanto qualquer outra realidade. O objetivo é chegar à pureza da linguagem plástica, dizer o que é preciso dizer de maneira que qualquer pessoa, em qualquer lugar do mundo, consiga entender. Eu imaginava que para alcançar esse objetivo a arte talvez tivesse alguma vantagem com relação à linguagem falada, dadas as diferenças entre ambas, e inclusive entre diferentes idiomas. Um colombiano fala diferente de um porto-riquenho, venezuelano, francês. Mas, se fosse possível descobrir uma linguagem que o mundo inteiro pudesse compreender – como foi o objetivo do esperanto, que almejavam que se tornasse um idioma universal –, teríamos condições de alcançar todos os indivíduos além das barreiras culturais. Quando pintei as situações que vi nas favelas, eu sabia que ninguém na França ou nos Estados Unidos ia compreendê-las, porque as pessoas desses países não tinham experiência de nada semelhante e não dispunham dos pontos de referência necessários para entender aquele trabalho. Essa é uma das reflexões que me motivaram a buscar um discurso de tanta simplicidade que todo mundo pudesse compreender, porque a arte é comunicação.

—— AJ Uma ilusão, uma utopia... A esperança de que uma *Fisicromía* fosse compreendida e apreciada por todo ser humano, em qualquer circunstância ou lugar, é exatamente o que os grandes artistas do Renascimento, como Leonardo da Vinci, por exemplo, esperavam da pintura. Quando Da Vinci[33] compara a pintura com a poesia, é para dizer que a pintura pode ser compreendida imediatamente por qualquer espectador, porque não é preciso saber ler para compreender uma obra de arte. Seu argumento era muito próximo do dele, porque para ele o espectador simplesmente se deparava com espetáculos idênticos aos da natureza. A pintura oferecia árvores, paisagens, casas e edifícios, personagens etc., tudo o que ele conhecia sobre o mundo por experiência visual própria. Em outras palavras, sempre se viu, ou se acreditou ver na pintura, um meio de comunicação mais direto que a literatura ou a filosofia.

— CCD Isso porque a pintura é ao mesmo tempo percepção e conteúdo. A literatura também é perceptiva, mas é indispensável uma etapa prévia de transcrição, há que se decifrar um código antes de chegar ao conteúdo, antes de imaginar o mundo que está sendo descrito. É parecido com o que sucede entre a literatura e o cinema. Não gosto de ver

33 "A pintura logo se apresenta da forma como foi concebida por seu autor, e oferece tanto prazer ao sentido mais nobre quanto pode oferecer algo criado pela natureza. Mas o poeta, que oferece as mesmas coisas ao sentido comum através do ouvido, sentido inferior, não proporciona aos olhos um prazer maior do que se ouvíssemos cantar alguma coisa [...] Por falta de tempo, frequentemente os leitores não leem mais do que uma pequena parte de suas obras (as do poeta), enquanto que as obras do pintor são compreendidas imediatamente por seus contempladores." Leonardo da Vinci, *Tratado de pintura*. Madri: Nacional, 1980, pp. 56-57.

filmes baseados em romances. Quando criança, li romances como *A ilha do tesouro*, de Robert Louis Stevenson, e *David Copperfield*, de Charles Dickens, mas lembro como fiquei decepcionado de ver os filmes que fizeram com base nesses livros, porque eles destruíram o mito que eu construíra em torno deles enquanto os lia. As encantadoras descrições dos ambientes, o caráter dos personagens e a emoção das ações e dos acontecimentos desapareciam por completo nos filmes. Estou querendo dizer com isso que ler evoca realidades muito diferentes das que vemos na presença da imagem. São realidades diferentes. Eu me lembro de como foi importante para minha geração o advento do rádio. Ouvir rádio era como ouvir um livro, podíamos imaginar situações e personagens com tremendo realismo.

—— AJ Pode ser, mas ainda acho que é ilusão pensar que a pintura, abstrata ou não, nos ponha diante de uma situação de compreensão imediata, como pensava Leonardo da Vinci. Ao contrário, toda obra necessita, até exige, o conhecimento de uma infinidade de códigos, por assim dizer. Compreender uma obra de Da Vinci requer conhecimento, porque cada obra é (ou responde a) um universo de sentido compartilhado.

—— CCD Não esqueça que as pinturas do passado não eram uma representação ingênua da realidade, elas estavam saturadas de códigos e de leituras em diferentes níveis. Para decifrá-las e desfrutá-las, é preciso estar informado.

—— AJ E, no entanto, Leonardo da Vinci pensava que a

pintura era uma experiência direta para o público, porque oferecia espetáculos semelhantes aos que as pessoas viam no mundo real.

—— CCD A pintura representativa é o resultado de um código transpositivo da realidade. Contemplá-la exige um processo inverso de decodificação.

—— AJ O mesmo acontece com a arte abstrata. Vocês pensam, como Leonardo da Vinci, que a pintura abstrata, e em particular a cinética, permite ao público ter um contato direto com uma situação fenomenológica, mas para apreciar uma obra abstrata é preciso conhecer uma série de códigos cuja aquisição exige anos. Anos de estudo, anos de ver e querer compreender, de romper amarras e costumes.

—— CCD Com o aparecimento da arte abstrata surgiu outro código, mais imaginativo que comparativo, provocando o fim da comunicação imediata na pintura representativa de que falava Leonardo da Vinci. Os artistas cinéticos restabeleceram o conceito de comunicação imediata por meio da descoberta de uma realidade imediata, e não por um código comparativo.

—— AJ O primeiro nível de leitura pode ser direto, mas não passa daí. Desse ponto em diante, há um universo de experiências pessoais que determina a interpretação que um espectador faz de uma obra, quer se trate de arte abstrata, quer da pintura de um Leonardo da Vinci, muito distante da comunicação direta que os pintores esperam.

—— CCD É através desse primeiro contato que se chega ao conteúdo. Meu objetivo é que o espectador sinta diante de uma *Fisicromía* o mesmo prazer que sinto ao fazê-la. Dentro dos módulos ocorrem mudanças de matizes de cor, assim como acontece na natureza quando a cor do céu muda quase imperceptivelmente e isso nos dá muito prazer. Nesses módulos, ocorrem muitos acontecimentos que as pessoas não veem, porque vivemos numa época de brutalidade e violência. Hoje não há lugar para sutilezas. Procuro simplificar meu discurso para que ele se torne cada vez mais eficaz e evidente. Mas sempre chego à conclusão de que há poucas pessoas preparadas para esse nível de percepção.

—— AJ Com certeza, porque para tanto você deve chegar ao fim de uma longa caminhada na qual nem todo mundo embarca. É isso que acontece com uma obra tão obviamente elementar como *Quadrado preto*, de 1915, de Kasimir Maliévitch. É uma obra deslumbrante, capaz de produzir uma emoção profunda e, no entanto, sabemos por experiência própria que não existe obra mais difícil, mais opaca para a grande maioria do público. Porque o primeiro sentimento do espectador é de rejeição absoluta. Um quadrado preto sobre um fundo branco, e só... O que haverá ali? Creio que não existe uma obra de mais complexa percepção do que essa.

—— CCD É outro nível de entendimento, outro nível de interpretação. O quadrado nem é totalmente quadrado, é uma metáfora filosófica do nada, uma exortação ao pensamento que é inacessível a quem não tenha o hábito de pensar...

—— AJ Existe nessa obra uma quantidade de detalhes formais, materiais, camadas de significados que poucas pessoas são capazes de ver. Todas essas pequenas anomalias que são crucias para interpretar esses significados passam despercebidas pela maioria do público, e, mesmo que as perceba, não lhe dizem nada.

—— CCD Isso porque vivemos numa sociedade em que tudo é agressão. A música substitui o silêncio pelo ruído, o vazio já não existe, está repleto de objetos e formas. Meu tempo já não me pertence, foi invadido pelos outros. No entanto todas as expressões da arte implicam o desejo de comunicar. Se observarmos cuidadosamente, as *Fisicromías* se compõem de microcosmos. As dos anos 1960-62 são muito mais complexas do que parecem, muitas coisas acontecem nos "módulos de ocorrências cromáticas": vibrações, adições, efeitos de veladura, embora não sejam pinturas do passado. Tento ensinar as pessoas a verem além da forma, a desfrutarem, a "lerem" a cor no espaço e a não se deterem na forma.

—— AJ Isso requer um árduo processo de investigação pessoal. Lembro, por exemplo, meu primeiro contato com suas obras. Nunca ninguém se aproximou do seu trabalho com uma perspectiva mais ingênua, menos culta do que a minha. No entanto observei sua obra com respeito, porque sabia que estava visitando o ateliê de um artista que me tinham dito ser importante. Mas a verdade é que, para mim, o trabalho não passava de um monte de linhas e eu tinha dificuldade de enxergar essas linhas. Eu queria ver a forma do que estava sendo pintado de modo que era muito difícil para mim, era uma dificuldade óptica contemplar seu trabalho. Depois, pouco a pouco, aprendi a ver os efeitos, as atmosferas. Muito mais tarde, depois de anos de estudo e reflexão pessoal, essas obras tomaram um sentido real para mim. Mas a verdade é que, à primeira vista, elas me disseram muito pouco. Em todo caso, é evidente que a percepção de nosso ambiente também não é um fenômeno direto. Uma pessoa apenas vê o que ela está preparada para ver, e, em geral, ela não vai além das nossas necessidades elementares, do que nos é estritamente necessário para sobreviver.

—— CCD O discurso da arte é o caminho que nos leva ao sublime. Há quem embarque nesse caminho e quem não o faça. Há pessoas incapazes de alcançar o sublime em qualquer atividade.

—— AJ É claro. E qualquer obra de arte digna de consideração é um convite ao crescimento pessoal. Mas há de aceitar esse convite. Em cada obra de arte reside a possibilidade de embarcar num caminho que pode nos levar ao sublime, mas poucas pessoas o fazem e menos ainda seguem nessa busca além dos limites das convenções geracionais.

—— CCD É por isso que a arte é um discurso eterno. Não circunstancial.

—— AJ Talvez seja por isso que, em parte, vocês se imaginaram tantas vezes como primitivos americanos, artistas das origens, como os primitivos italianos no século XIV.

—— CCD O que propúnhamos estava longe de ser compreendido pela maioria das pessoas. Era uma base para lançar a investigação plástica pelos caminhos do instável, do ambíguo, da percepção do efêmero. O que fiz até agora é apenas um começo. Quem dera eu tivesse os meios técnicos para produzir uma massa de cor no espaço, sem nenhum suporte. Quando a ciência abrir novos caminhos, as *Fisicromías* serão vistas como estruturas ingênuas em comparação com o que poderá ser feito com técnicas mais avançadas. O valor pode estar em ser um conceito primordial.

—— AJ Fenômeno semelhante é o que se vê hoje no edifício da L'Oréal em Nova York, uma torre irregular de cristal que se ilumina à noite e muda de cor como as torres cromáticas que você criou nos anos 1970. Perto do prédio da L'Oréal, suas torres parecem estruturas primitivas.

—— CCD Você está falando do *Cromoprisma aleatorio* [46 e 47]. Fiz as torres em 1975, dentro da mesma concepção de evolução da cor, como uma obra compatível com um lugar público. Conforme o observador se deslocava ao redor delas, cada lado do prisma gerava uma cor que se acentuava à medida que nos aproximávamos. Quando havia uma pessoa de cada lado, surgia o branco. Para construir essa obra, tive de me restringir à tecnologia e aos materiais

46 e 47 *Cromoprisma aleatorio*, 1975 [dois pontos de vista].

disponíveis então, como o uso de sensores de movimentos muito elementares, mas, no final das contas, consegui expressar o que queria.

A ARTE NA CIDADE

A responsabilidade social do artista

Um dos aspectos mais notáveis da abstração geométrica e cinética venezuelana é sua capacidade de intervir no espaço urbano em dimensões poucas vezes alcançadas em outros países. Carlos Cruz-Diez, como Jesús Soto, Alejandro Otero e Gego, contaram com oportunidades realmente excepcionais de pôr em prática suas ideias de integração e de realizar seus desejos de produzir uma obra que escapasse aos limites do museu. As grandes obras de infraestrutura construídas na Venezuela nas décadas de 1970 e 1980 – quando a indústria petrolífera atingiu níveis excepcionais de rentabilidade – lhes proporcionaram as oportunidades mais importantes. Foi o caso da Central Hidrelétrica José Antonio Páez, em Santo Domingo, onde Cruz-Diez criou sua primeira obra pública de grande envergadura, em 1973 [48].[34]

34 Trata-se da represa de Santo Domingo, povoado do estado de Mérida, nos Andes venezuelanos.

—— CCD O projeto nasceu da iniciativa de alguns amigos que dirigiam uma associação de ex-bolsistas da Venezuela na França. Certa vez, eles me convidaram a participar de uma das reuniões para falar de meu trabalho. Dias depois, recebi um telefonema de um dos assistentes da palestra, o engenheiro Héctor Alio. Ele se apresentou e me disse que estava trabalhando com um grupo de pessoas na elaboração de um projeto, e que haviam pensado na possibilidade de me convidar para trabalhar com eles. Assim começaram nossas conversas, que culminaram na realização desse primeiro projeto. O convite me parecia interessante porque se tratava de uma intervenção em uma represa situada em um local extraordinário, no meio das montanhas, trezentos metros abaixo da terra. É o que denominam represa de apoio, utilizada em momentos críticos de consumo. A parede de concreto que retém a água fica catorze quilômetros rio acima, e sua finalidade é gerar velocidade suficiente para que a água acione as turbinas. Para chegar à sala de controle onde fiz minha intervenção, é preciso atravessar um túnel de setecentos metros que desce a trezentos metros de profundidade. Ali não há nenhuma relação com o mundo exterior.

—— AJ Um desafio e tanto: convidar uma pessoa que trabalha com a luz para intervir a trezentos metros da superfície, onde o que falta é justamente a luz!

—— CCD Lá não havia nem luz nem nenhuma relação com a realidade exterior. Isso me fez pensar numa intervenção

48 *Ambientación cromática*, Central Hidrelétrica José Antonio Páez, Santo Domingo, Venezuela, 1973.

que reconstituísse o que faltava, ao menos em seus efeitos. Quando aprendemos a ler o espaço, nos damos conta de que, na verdade, ele nem sempre aparece com a mesma cor. O espaço vai mudando de cor durante o dia; às vezes parece mergulhar em tons de amarelo, às vezes está cinzento, outras, azulado ou esverdeado. Foi justamente isso que tentei reconstruir, essa qualidade cromática mutante do espaço. Hoje seria relativamente fácil obter esses efeitos, mas nos anos 1970 tínhamos que desenvolver um programa eletrônico que modificasse os níveis de incandescência das luzes vermelhas, azuis e verdes de modo a criar a gama do espectro solar em total escuridão. Isso produziu uma obra muito difícil de fotografar, porque geralmente se apresenta como atmosferas muito sutis de cor que vão mudando quase imperceptivelmente ao longo do tempo. As fotografias geralmente são tiradas no que chamamos "fins do programa", quando as lâmpadas chegam à sua saturação máxima e é mais fácil perceber as cores que servem de ponto de partida para o projeto: verde, magenta e azul, que são as cores primárias da luz.

—— AJ Naturalmente, você colocou lâmpadas com essas três cores primárias em cada janela.

—— CCD As lâmpadas estão escondidas atrás de janelas falsas; são 72 lâmpadas por janela: vermelhas, verdes e azuis. Mas, para obter as misturas de cores necessárias, criei um programa de doze horas que controlava o ponto inicial e a intensificação progressiva de cada cor. Cada lâmpada acende e apaga de maneira que seus diferentes níveis de intensidade produzam diferentes misturas. O programa básico durava quinze minutos e rodava sem parar, nem tão rápido que o olho percebesse as mudanças como abruptas, nem tão lentamente que não reparasse que alguma coisa tinha acontecido. Quinze minutos era mais ou menos o tempo médio que um operário passava nesse lugar, de maneira que escolhi um período que lhe permitisse ver todas as transformações cromáticas durante sua permanência. Nesse prazo, o ambiente passava de um branco, uma espécie de luz lunar, até a saturação total de uma das cores primárias. Todas as janelas saturavam juntas no fim de cada programa, uma vez em vermelho, outra em verde, a terceira em azul.

—— AJ Isso quer dizer que uma pessoa que entrasse na sala de máquinas sem saber o que estava acontecendo, e lá ficasse por menos de quinze minutos, poderia ter a impressão de ver janelas reais com vidros translúcidos. É quase como se uma pessoa quisesse aproximar-se da paisagem de maneira que já não existisse diferença alguma entre a obra e a realidade.

—— CCD Nem teria reparado no que estava acontecendo... Além disso, ali trabalhavam operários e técnicos. A ideia era justamente oferecer-lhes o máximo de conforto. Foi uma tentativa de melhorar suas condições de trabalho.

—— AJ Independentemente de nossa opinião sobre a eficácia real desse tipo de intervenção, seu trabalho nesse momento significou uma espécie de antídoto contra as condições que você havia denunciado em obras anteriores. O projeto é mais realista – em termos plásticos – do que a paisagística tradicional, pois se aproxima melhor da verdade da natureza (embora em um aspecto muito específico), mas também aspira a ser mais eficaz em sua função social que a pintura de denúncia que você praticou durante os anos 1940 e boa parte dos 1950, ao menos para as pessoas que trabalham lá. Quer dizer, estamos diante de uma obra que é não só *site specific*, como também destinada a um público muito específico. Tão específica para seu público quanto foi a arte nas igrejas ou palácios do passado.

—— CCD **Sim, mas nesse caso estamos falando de operários, técnicos e engenheiros, não de reis ou príncipes.**

—— AJ E, no entanto, essa sala de controle se torna uma espécie de capela secularizada que também tem a função de mudar a vida de um grupo muito seleto de pessoas. A meu ver, obras como essa deixam explícita uma característica da arte moderna que é mais comum do que parece à primeira vista: seu caráter redentor, seu desejo de melhorar a vida aqui e agora, de salvar, de curar. E não acho que seja uma coincidência, levando em conta as condições da América Latina, que esse aspecto da arte moderna seja especialmente acentuado na obra de muitos artistas da região. Basta pensar nos *Núcleos* de Hélio Oiticica ou na fase final de Lygia Clark para constatá-lo. Suas obras, tanto em casos específicos como este, em que se trata de um grupo muito pequeno de pessoas, como nas que são planejadas para espaços verdadeiramente públicos, têm essa dimensão redentora que não podemos subestimar. Penso, por exemplo, em seu segundo grande projeto público, a intervenção no Aeroporto Internacional Simón Bolívar de Maiquetía,[35] de 1974 **[49]**.

—— CCD Minhas intervenções arquitetônicas sempre foram concebidas no âmbito de uma função social. Não são simples decorações nem meras ocasiões para criar obras monumentais. São atos de engajamento social, e por isso sempre tentei participar dos projetos desde o momento de sua concepção, a fim de que a obra venha a ser um verdadeiro ato de integração. Essa é a única maneira de garantir que ela cumpra uma função mais que estética. O aeroporto já estava nos primeiros estágios de construção, e os arquitetos Felipe Montemayor e Luis Sully me chamaram para trabalhar com eles. Foram contratados dois artistas: Héctor Poleo e eu. Passei muito tempo pensando no tipo de obra que eu poderia fazer para um aeroporto como esse. Na época eu viajava muito e, depois de analisar minha própria experiência, resolvi que se eu tivesse que criar uma obra haveria de fazê-la pensando no que as pessoas fazem com maior regularidade em um aeroporto: andar de um lado para o outro

35 Trata-se do principal aeroporto da Venezuela, localizado em frente ao mar do Caribe, na costa norte do país, a uma hora de Caracas.

49 *Ambientación cromática*, Aeroporto Internacional Simón Bolívar, Maiquetía, Venezuela, 1974.

carregando malas, aborrecidas, olhando para o mesmo relógio, as mesmas gravatas nas mesmas lojas, porque não há mais nada. Pensei em uma obra para o chão, uma espécie de acontecimento que pudesse ocorrer e ser observado enquanto as pessoas passam.

— AJ Para o chão e para as paredes laterais.

— CCD Sim, mas a parede tinha uma função muito específica. O aeroporto foi projetado pensando em uma ampliação horizontal, de modo que as paredes tinham de sugerir sua evolução futura. Mas teria que ser removível, porque depois, quando o aeroporto chegasse à sua extensão máxima, essas paredes desapareceriam. E mais, do ponto de vista da minha obra, as paredes nos pontos extremos do passadiço me permitiram oferecer ao público várias interpretações diferentes. Uma do que se podia ver enquanto se caminhava; outra do que se podia ver em perspectiva; e a última do que podia ser visto nas paredes dos pontos extremos, onde se tinha uma visão perfeitamente frontal. Em cada caso o comportamento da cor é diferente.

— AJ Só que agora o aeroporto cresceu verticalmente, não horizontalmente conforme o plano original.

— CCD Sim, mas gostei muito da solução que deram, porque oferece ao público uma perspectiva visual suplementar: ver a peça do segundo piso. A ideia inicial foi partir de três cores opacas como o vermelho, o verde e o azul, para gerar a gama do espectro solar. Partir do pigmento químico para gerar uma cor-luz. A outra dificuldade que eu devia resolver relacionava-se com o fato de o aeroporto ser um espaço onde milhões de pessoas estão constantemente caminhando. Era preciso usar um material que resistisse à abrasão produzida por esse fluxo de massa. Em busca da solução para esse problema viajei à Itália, Portugal e Espanha, mas foi na França que, finalmente, encontrei o material adequado. É um revestimento produzido pela empresa Briare, às margens do rio Loire, e que é chamado Sialex. Esse revestimento tem a particularidade de ser impregnado de cor na massa inicial, e não uma mera capa de pintura por cima que pode ser apagada rapidamente com o tráfego de pedestres. Até o último segmento do mosaico é feito da mesma cor, de modo que não sofre desgaste ao uso. Além do mais, é um material indestrutível, porque é um composto de silício, feldspato e pigmentos compactados à razão de 2 mil quilos por centímetro quadrado e cozido a mil e quinhentos graus de temperatura, o que o torna extremamente resistente à abrasão.

—— AJ Você teve a oportunidade de trabalhar em muitos e variados projetos de integração, e eu gostaria que nos concentrássemos agora nos mais importantes. Gostaria que tratássemos, em particular, do que significou para você conquistar um empreendimento que o colocou literalmente a anos-luz da imagem romântica do artista maldito, condenado pela sociedade, que existe em nosso imaginário popular. Não posso me furtar a dizer, por exemplo, que são muito poucos os artistas que conseguem modificar o tecido urbano de Paris, mesmo nas modestas dimensões com que você alterou a Place du Venezuela entre 1976 e 1978 [50].

— CCD Quando me chamaram para fazer essa obra, senti que havia realizado uma utopia: modificar um pequeno espaço no tecido urbano de Paris. Isso é um privilégio, algo que não acontece todos os dias. Em certa época, isso era fácil de ocorrer na Venezuela, e, de modo geral, ainda é mais fácil na América Latina do que na Europa. Só que a oportunidade surgiu em Paris. Um dia, recebi um telefonema do doutor Salcedo Bastardo, embaixador da Venezuela em Paris, e ele me disse que, graças a suas gestões, a Prefeitura de Paris lhe havia escrito uma carta para dizer que tinham um lugar perto da embaixada onde podíamos criar a Place du Venezuela. Assim que ele me telefonou, fomos ver o lugar.

Era uma pequena esplanada, com 35 metros de diâmetro de calçada a calçada. Até aquele momento, era utilizada pelos vizinhos como estacionamento sem controle, onde todo mundo estacionava de qualquer maneira. Apesar das modestas dimensões do lugar, imaginei que poderia transformar-se em uma ilha para pedestres. O Conselho de Paris estudou minhas propostas e as aceitou. A construção da obra foi financiada pela Venezuela, e a transformação urbana esteve a cargo da Prefeitura de Paris. Eles reajustaram o nível das ruas para adaptar o sistema de canalização da água bem como dos bueiros, semáforos e sinalizações urbanas, pavimentação, tudo. Em outras palavras, foi uma grande transformação urbana. Tudo, é claro, tinha de ser discutido com os moradores locais, que faziam intermináveis perguntas sobre iluminação pública, circulação e segurança, até que finalmente conseguimos convencê-los de que nossa intervenção ia melhorar o uso daquele espaço.

Todas essas discussões transcorreram sem nenhuma consideração da obra em si. Tratava-se da funcionalidade e do sentido que o espaço devia ter dentro da comunidade. Depois, começou a fase de desenho propriamente dito da obra e principalmente das cores a serem empregadas. Decidi trabalhar com uma gama de cores muito sutis e adequadas ao entorno cromático da área. Não queria que olhassem minha obra com os estereótipos folclóricos típicos dos trópicos, razão pela qual evitei os ocres fortes e os contrastes que pudessem lembrar papagaios e araras. Não é que eu despreze o folclore, afinal de contas, sempre fui muito influenciado por ele, mas era importante evitar equívocos.

—— AJ Você usou uma atmosfera cromática quase hibernal.

—— CCD Muito parisiense. Essa foi a minha decisão. Pensamos até mesmo na inscrição que íamos colocar no lugar. Queríamos evitar homenagens que se tornassem ridículas com o tempo. Assim, decidimos chamá-la simplesmente *De Venezuela a Paris*. Tudo foi muito pensado, desde o mais ínfimo detalhe da construção, de maneira que as peças fossem

50 *Physichromie double face*, Place du Venezuela, Paris, 1976.

desmontáveis e fáceis de substituir. Nada nessa obra se encaixa nos estereótipos de país subdesenvolvido que os europeus têm de nós.

***

Cronologicamente, a próxima intervenção arquitetônica de grande porte e, sem dúvida, uma das mais surpreendentes de Carlos Cruz-Diez, foi a que ele realizou para a Central Hidrelétrica Raúl Leoni, em Guri, entre 1977 e 1986 [51]. *Mais que isso, o trabalho é um dos mais significativos ou que mais claramente refletem o compromisso de sua obra com o grande projeto modernizador da Venezuela. Alejandro Otero e Cruz-Diez, os dois artistas que criaram peças para esse projeto, pensaram e realizaram obras que, por um lado, permitem estabelecer conexões entre a abstração cinética venezuelana e a crença no impacto positivo da tecnologia e da indústria no futuro do país, e, por outro, com a paisagem ou com determinado imaginário da paisagem americana.* A Torre solar *de Otero, por exemplo, parece emergir de um campo de grandes rochas inseridas no terreno, como uma forma de expressar confiança na tecnologia e no futuro por ela construído. Sua* Torre solar *nasce dessas rochas milenares como um gesto de esperança e, ao mesmo tempo, é pensada como uma estrutura que dialoga com a paisagem, que joga com a luz e com o vento. No caso de Carlos Cruz-Diez, também falamos de uma obra que pretende pôr em jogo a cor como uma realidade primária e, eu diria, primitiva. É também um diá-*

logo com a paisagem e com a imensa estrutura hidrelétrica que depois se transformaria na principal fonte energética do país.

—— CCD Nessa oportunidade, cabe homenagear os engenheiros venezuelanos que dirigiram o projeto. Quando começaram a elaborar o desenho da represa, todo mundo dizia que um projeto daquele porte acontece uma única vez na vida de um país, e que, portanto, deviam convocar artistas para deixarem sua marca na obra e na época da sua construção, para deixarem um testemunho historicamente significativo do que fôramos capazes de fazer naquele momento. Um dos engenheiros comentou, com muito humor, que "daqui a duzentos anos as pessoas dirão: que gente culta era aquela!". Por isso chamaram a mim e ao Alejandro, apesar da reticência dos conselheiros técnicos americanos, que não entendiam a razão de envolver artistas. "Ninguém vai lá", diziam.

—— AJ Com isso se repetiu a situação de Santo Domingo... O que mais lhe interessou quando o convidaram para participar desse projeto?

—— CCD O desafio da escala, da grande dimensão. Há uma relação de escala extremamente interessante, até mesmo excepcional, e tentei aproveitá-la dentro das minhas possibilidades. A percepção desse espaço enorme é completamente diferente quando você o vê do mezanino, a certa distância, do que quando o vê de baixo, do nível do solo. São

51 *Ambientación cromática para la sala de máquinas número uno,* Central Hidrelétrica Raúl Leoni, Guri, Venezuela, 1986.

percepções que geram emoções completamente distintas. Quando você entra ali, tem uma estranha sensação de espanto, admiração e beleza, muito distante de sentimentos da vida cotidiana.

—— AJ Essa é a própria definição do sublime...

—— CCD É sublime, exatamente, porque, quando você se vê diante de um espaço de dimensões tão extraordinárias, só pode se sentir espantado com o fato de que o ser humano tenha sido capaz de fazer algo semelhante. Ao mesmo tempo, quando está olhando diretamente para o grande muro de concreto, de uma pequena plataforma que permita ver de perto a abertura das comportas, sente mesmo uma mistura de terror e admiração. Não somos nada diante daquela enorme bruma de água que gera um arco-íris e, na verdade, sentimos terror e deslumbramento. É uma experiência que não se esquece jamais.

—— AJ É evidente, então, que um dos grandes desafios era fazer frente a essa escala monumental.

—— CCD E ao final tudo sair como eu planejara, tudo dar certo!

—— AJ E o que você esperava exatamente que acontecesse?

—— CCD Eu queria que a obra, com toda essa escala, funcionasse com a mesma eficácia de uma *Fisicromía* ou de uma *Inducción cromática* de pequeno formato. O desafio era a escala. Eu tinha de pegar uma superfície de 11 mil metros quadrados e dar vida a ela... A percepção de espaço vazio era enorme. Uma garagem de zepelim, como diziam os engenheiros de Chicago. Quando a obra acabou, esse mesmo espaço inóspito parecia mais amável, mais humanamente acolhedor.

—— AJ A obra devia funcionar como uma espécie de dispositivo pictórico de domínio ou tradução, por assim dizer. Ela devia domar aquela realidade aterrorizante, assim como os engenheiros fizeram com a potência da água, para torná-la assimilável pela experiência humana. Em último caso, é assim que funcionam todas as obras de arte. Elas criam vínculos de sentido entre nós e o mundo, dão significado às coisas. Suas observações me fazem lembrar de algo que Guillaume Apollinaire escreveu em 1913 a respeito dos pintores cubistas:

> *Os grandes poetas e os grandes artistas têm por função social renovar incessantemente a aparência que a natureza reveste aos olhos dos homens. Sem os poetas, sem os artistas, os homens se entediariam rapidamente da monotonia da natureza.* [...] *A ordem que encontramos na natureza, que não é senão um efeito da arte, se esfumaria imediatamente. Tudo se esfacelaria no caos. Fim das estações, fim da civilização, fim do pensamento, fim da humanidade, fim inclusive da vida, e a impotente obscuridade reinaria para sempre..*[36]

—— 36 Guillaume Apollinaire, *Pintores cubistas*, trad. Sueli Tomazini Barros Cassal. Porto Alegre: L&PM, 1997, pp. 19-20.

—— CCD Isso está ligado à possibilidade de uma dupla visão do espaço. Quando a obra é vista do mezanino, funciona como uma indução normal, e o espaço parece domesticado, acessível. Mas, quando é vista da sala de controle, perde-se a sensação do tamanho das coisas, e o espaço de repente se torna incomensurável, uma realidade que é simplesmente impossível de absorver, desorientadora... É fascinante! Nesse momento, não se consegue perceber mais que uma ou duas linhas de cada vez. Para isso, tivemos que fazer uma série de cálculos, determinar a espessura necessária de cada linha para que a peça funcionasse naquelas dimensões. O imenso muro de concreto leva uma contenção, quase uma grade, que interrompe as linhas desenhadas para a obra. Meu assistente e diretor do ateliê de Caracas, Francisco Ramírez, foi quem se encarregou dos cálculos para que as linhas coincidissem exatamente com as marcas do revestimento. As linhas deviam ser de 32 centímetros e três milímetros. Dessa maneira, as marcas do revestimento de contenção desapareciam no sentido vertical, que era o que mais atrapalhava.

—— AJ Era um primeiro gesto, um primeiro esforço de ligar a obra e a estrutura. Incrível constatar que, naquela escala, três milímetros podem ser determinantes.

—— CCD É verdade, e além disso escolhemos uma gama restrita a sete cores para facilitar a restauração. Com elas era possível criar um vasto espectro de cores.

—— AJ A ideia de criar uma ampla gama de cores a partir de

sete tons básicos lembra os processos que se realizam numa represa desse tipo, onde uma grande quantidade de energia é gerada por um número limitado de turbinas. Assim como disse Luis Pérez-Oramas, há uma clara relação entre as duas realidades, a que se produz nessa imensa estrutura e a que é gerada por sua obra. Por isso é muito interessante que você não tenha se limitado aos muros disponíveis mas também tenha incluído as turbinas. Há um paralelo, que não é de todo inocente, entre a energia plástica e a energia gerada pela represa que move um país.

Há outra intervenção urbana que sugere um vínculo semelhante entre a obra e o lugar em que foi realizada. Refiro-me a *Cromoestructura radial en homenaje al sol*, de 1983, construída em um espaço aberto em Barquisimeto [52].

—— **CCD A primeira reflexão que faço em minhas intervenções é onde vou colocá-las, para que sejam coerentes com o lugar.**

Nesse caso, recebi uma ligação do presidente Luis Herrera Campins, que me disse que queria dar um presente a Barquisimeto, um importante presente para a cidade. "Barquisimeto só tem o Obelisco, que é uma recordação da ditadura", disse ele. "Eu quero que a democracia deixe para a cidade uma importante obra urbana." Fui a Barquisimeto, percorri a cidade com o prefeito e peguei uma das muitas encruzilhadas que havia em torno da cidade. Nesse momento estavam construindo várias estradas em Barquisimeto, e

52 *Cromoestructura radial en homenaje al sol*, Barquisimeto, Venezuela, 1983.

havia várias rotatórias centrais distribuindo a entrada e a saída do fluxo viário. Peguei a rotatória de Las Trinitarias, que me pareceu o lugar ideal para deixar uma marca na cidade. Era o ponto de entrada para os que vinham de Caracas e de saída para os que iam para Maracaibo.

Quando comecei a pensar no que poderia fazer, me lembrei dos crepúsculos flamejantes que fazem a fama da cidade e de minha experiência pessoal de visitar Acarigua com meu pai em 1947. Foi lá que vi os fascinantes fenômenos das planícies, como o "sol dos veados", quando a condensação atmosférica faz com que todo o espaço pareça banhado de luz. Por isso, disse a mim mesmo que a obra deveria ser uma espécie de homenagem ao sol, para deslumbrar os passantes. O problema era como fazer para que os 32 prismas radiais que havia imaginado fossem o mais finos possível. Os estudos estruturais foram extremamente complicados, porque eu queria que os prismas fossem muito finos e ao mesmo tempo resistentes à ação dos ventos e de outros elementos. Quando trabalhamos em espaços urbanos, temos que ser muito cuidadosos. Procurei ouvir o conselho de vários engenheiros, mas os primeiros testes foram frustrantes, porque os prismas eram grossos demais. Os engenheiros sustentavam que os prismas deviam ter aquela espessura, para evitar que fossem derrubados, mas eu precisava que eles fossem mais finos porque o espanto fazia parte do espetáculo que eu desejava provocar. Queria que as pessoas se perguntassem como essas estruturas podiam se sustentar. Assim como buscava produzir cores que aparecessem e desaparecessem, eu também queria despertar o espanto do observador diante da obra. Mas não havia meios para satisfazer minhas exigências, já me haviam apresentado vários projetos e todos se deformavam ou eram muito toscos. Um dia, já cansado de tantos fracassos, eu disse aos engenheiros: "Deve haver uma estrutura que não se deforme...", e eles me responderam: "A única coisa que não se deforma nessas condições é um tubo". "Então, por que diabos não fazemos um tubo?"

Começamos a desenhar um tubo que fosse o mais fino possível e que se adaptasse às necessidades da minha obra. Depois de vários cálculos, chegamos a uma estrutura de 32 lâminas de aço pintado. Cada uma com quinze metros de altura por três metros de largura e uma espessura mínima de catorze centímetros. Menos do que isso era impossível. As lâminas foram embutidas em um círculo de oitenta metros de diâmetro, com pesadas bases de concreto enterradas e completamente invisíveis para o público. Fizemos os cálculos de maneira que as estruturas fossem capazes de suportar ventos de 120 quilômetros por hora, o dobro do que se supunha ser a velocidade do vento naquela região, mas é claro que não havia medidas oficiais da velocidade do vento nessa área.

No meio de todas essas complicações, aconteceu uma coisa muito bonita. Um jovem engenheiro que havia estudado nos Estados Unidos, muito bem preparado para a função, havia feito os cálculos. Ele confiara a construção da peça a um grupo de engenheiros tchecos que tinham ateliê em Barquisimeto. Esses engenheiros eram muito perfeccionistas. Um dia, um deles, já idoso, veio a Caracas para me dizer o seguinte: "Senhor Cruz-Diez, não duvido que os cálculos tenham sido feitos corretamente, mas a experiência me diz que alguma coisa está faltando, do jeito que as coisas estão agora, essas lâminas vão quebrar". "O que podemos fazer", eu disse a ele, "é colocá-lo em contato com o engenheiro que fez os cálculos, para que vocês possam revê-los e encontrar a solução adequada."

E assim aconteceu: os dois sentaram juntos para rever os cálculos. Acontece que o jovem engenheiro havia esquecido um dado que efetivamente fragilizava a estrutura do comprimento radial do aço. No final, eles decidiram reforçar a estrutura em um ponto onde o jovem não havia previsto. E assim foi possível fabricar as peças. Esse episódio eloquente trata do papel crucial do conhecimento e da experiência. O processo de fabricar as peças foi também um espetáculo de *know-how*. Alguém pensou que seria necessário fazer as lâminas planas, exatamente como elas seriam reunidas, mas foram feitas no topo de uma mesa convexa que devia medir quinze metros de comprimento por três metros de largura; as estruturas foram soldadas em curva e, ao esfriarem, se endireitavam e permaneciam perfeitamente retas. O velho engenheiro tcheco calculou essa curvatura sem computador, usando apenas uma régua de cálculo tradicional.

—— AJ Gostaria de falar agora sobre as referências que contribuíram para a criação dessa peça. Entre os últimos trabalhos que fez no seu ateliê estava essa maquete, e lembro que ela passou por várias etapas. Entre as primeiras, havia uma em forma de espiral. Os comprimentos radiais emanavam do centro e iam levantando paulatinamente até chegar a uma diagonal mais ou menos próxima da que está no projeto final. Mas aí você abandonou a ideia da espiral e optou pela do raio, que lhe ocorreu depois que você consultou um livro a respeito de um projeto do parque escultórico do Centro Cultural da Universidade do México.

—— CCD Esse monumento no México foi criado por uma equipe da qual faziam parte Helen Escobedo, Manuel Feiguérez, Mathias Goeritz, entre outros. Fui vê-lo em companhia de Helen Escobedo: enormes cubos de concreto colocados radialmente sobre uma série de rochas vulcânicas que lembram uma cratera. É uma obra chocante e dramática. Como um oráculo, uma obra de conotações religiosas e de soluções e conotações plásticas muito diferentes.

—— AJ Com certeza, mas foi daí que você pegou a ideia do formato radial e dos elementos que saíam da terra. A obra dos mexicanos era formada de blocos maciços de concreto que surgiam das entranhas da terra (é significativo que ela esteja perto de uma área vulcânica), mas, no seu caso, trata-se de raios que procuram dar a ideia de imaterialidade, pois sua forma e função estão associadas ao sol.

—— CCD Preferi a distribuição radial à distribuição espiral porque ela me permitia gerar um movimento virtual e de balanço quando o observador se movimenta em torno da peça.

—— AJ Mathias Goeritz era um artista eminentemente religioso e não me surpreende que tenha pensado numa espécie de templo ou dispositivo de conexão simbólica com a terra, sobretudo por trabalhar num lugar como o México, que é tão marcado pelas tradições pré-colombianas.

—— CCD Agora que mencionamos o fato de que essa obra podia ser visitada, lembro de que pensei esse espaço urbano de Barquisimeto não só como um logotipo, uma marca para a cidade, mas também como um espaço de convivência cidadã. Propus um caminho ao redor do perímetro para permitir o estacionamento de carros e um túnel para dar acesso ao centro da praça, onde pensei em construir uma sala de concerto e desenvolver outras atividades culturais. O projeto foi recusado por ser muito perigoso devido à proximidade de rodovias com alto volume de tráfego.

—— AJ Tornou-se então um espetáculo distante, como o sol.

O TEMPO

A eterna juventude da pintura

—— AJ A partir de 2000, sua obra tem se caracterizado cada vez mais pelo uso de novas técnicas de concepção e impressão.

Como em outros períodos de sua carreira, a adoção de novas técnicas e materiais tem implicado um período de pesquisa. O objetivo é sempre o mesmo: aproximar-se cada vez mais da pureza da cor e, com ela, da pureza do conceito.

—— CCD Graças a meu filho Carlos, comecei minha verdadeira iniciação ao mundo digital em 1995. Ele me apresentou a esse mundo paulatinamente, e, aos poucos, passei a me interessar por suas possibilidades. Levei de quatro a cinco anos para aprender a usar os programas básicos de computação que eu precisava para me expressar. A mudança realmente aconteceu quando Carlos me fez um comentário fundamental: "Para trabalhar com essas ferramentas, você precisa aprender a pensar de modo diferente". Esse raciocínio foi essencial, porque sou um sobrevivente da geração mecânica e estava acostumado a trabalhar com instrumentos visíveis, ao passo que no mundo digital é necessário se acostumar a trabalhar com o invisível e, mais importante ainda, acreditar no invisível.

A partir desse momento, me dei conta das imensas oportunidades de crescimento que estavam diante de mim. No começo eu pintava com o que conhecia, o guache ou a têmpera, que faziam uma pintura indelével. O guache não tinha o fixador de caseína que começou a ser fabricado nos anos 1950 com a Plaka de Pelikan. Logo que descobri esse pigmento, comecei a usá-la inclusive nas peças que tinham um fundo de linhas em PVC. Essa tinta se modificou mais tarde e se transformou em acrílico; por volta dos anos 1960 ou 1970 eu trabalhava com acrílico. A tinta acrílica me oferecia as mesmas possibilidades, só que os pigmentos não tinham a mesma capacidade de cobertura e não saturavam com a mesma beleza do óleo ou da Plaka, principalmente os azuis e os verdes, que nunca davam o mesmo resultado.

—— AJ Então o que você fazia para trabalhar com essas cores?

—— CCD Aprendi a trabalhar com essas limitações, levando em conta a pouca saturação dos azuis e dos verdes. Tento conseguir a vibração máxima associando azuis e verdes com outras cores que lhe emprestem, por contraste, o brilho que lhes falta. Enfim, cada material me oferece alguma coisa nova. Recentemente descobri as enormes possibilidades do mundo digital, coisa que eu jamais conseguiria realizar com guache ou Plaka, e que eram impossíveis com a serigrafia. Agora consigo obter linhas em *dégradé*, uma fusão de cores que jamais teria conseguido antes. No início, eu conseguia modular a mistura óptica de cores variando a altura das primeiras lâminas de cartão, depois com as diagonais sobre módulos de alumínio, mas não podia graduar uma mesma linha de cor. Por exemplo, era impossível com as velhas técnicas criar uma linha que começa em preto e vai clareando até o branco final por um processo imperceptível de fusão, como faço agora. Cada material exige técnicas específicas e extremamente precisas.

—— AJ Lembro que, para alcançar a precisão necessária para imprimir serigrafias, tínhamos que aprender a fazer pressão uniforme sobre a seda ao longo de toda a linha e, obviamente, quanto maior a linha, mais difícil era. E tínhamos que manter a mesma pressão durante todo o processo de impressão. Se não o fizéssemos, as diferenças apareciam em manchas sobre as superfícies das *Physichromies*.

— CCD Como minha obra é sistemática, ela consiste de um único elemento que, por acumulação, gera um resultado diferente do ponto de partida. Mas, se um dos elementos é diferente, logo chama a atenção como erro. Quando mudei para os novos sistemas de impressão por plotagem tive que fazer, como no passado, uma nova pesquisa, desenhar ferramentas e novos processos de montagem e fabricação. Quando se pensa que todas essas tecnologias estão em constante evolução, dá para imaginar como tudo é complicado. Levei muito tempo para realmente usar esses novos materiais em meu trabalho; esperei que houvesse garantias da durabilidade do sistema no tempo e com margens aceitáveis. Agora me garantem pigmentos e matérias com uma durabilidade de pelo menos cem anos nas piores condições. Isso significa que essas peças poderão suportar inclusive as condições extremas de intempéries. Também começamos a usar o policarbonato, um plástico autoadesivo quase indestrutível. Esse plástico é reforçado com um fixador, o que significa que as linhas de cor ficam encapsuladas em um plástico que as protege dos raios ultravioleta e da umidade. Para essa nova tecnologia, tive que inventar e fabricar máquinas de grande precisão para que as peças fossem coladas de maneira perfeita.

—— AJ Mas você não imprime linha por linha, como na serigrafia, agora imprime módulo por módulo.

—— CCD O módulo de alumínio é o mesmo de sempre, só que agora é colado, no módulo, um autoadesivo de policarbonato com as linhas já impressas. Também consegui melhorar ou enriquecer as lâminas verticais de PVC. Agora existem vinis transparentes de três mícrons que posso colar no PVC transparente. Desse modo, obtenho o mesmo efeito do PVC colorido em massa, com a vantagem de que tenho uma gama de cores muito mais ampla. É interessante que a obra foi se enriquecendo cada vez mais: os acabamentos, as atmosferas de cor são muito mais sutis e saturados de cor.

—— AJ Ou seja, nesse caso suas obras não somente ganham maior rapidez de execução, como são mais precisas e têm mais possibilidades.

—— CCD Tenho possibilidades novas, mas não é necessariamente mais rápido. O processo é mais lento, porque exige mais tempo de elaboração, mais destreza e cuidado.

—— AJ Então, se estou entendendo, o que me parece muito interessante, cada vez que a obra se enriquece e alcança atmosferas mais sutis e mais precisas, as dificuldades técnicas também aumentam.

—— CCD De início, usei as técnicas mais simples e os materiais mais acessíveis, guache e papel-cartão. Isso era o mais fácil de fazer. Com o passar do tempo, minha obra foi se tornando mais complexa. Hoje, é muito mais complexa do que no começo. Isso me parece engraçado porque, de modo geral, os colecionadores de arte desejam meus trabalhos mais artesanais do início, mas a verdade é que minha obra continua a ser artesanal, e cada vez mais. A intervenção artesanal é hoje maior do que quando eu trabalhava com cartão, eles deviam gostar mais!

—— AJ Em outras palavras, o aperfeiçoamento dos seus métodos técnicos resultou em maior precisão e pureza dos seus campos de cor. Ao mesmo tempo, porém, seu trabalho tornou-se tecnicamente mais complexo e mais difícil de executar. A preparação requer mais equipes e assistentes mais treinados do que antes. Essa relação diretamente proporcional entre a pureza das atmosferas conseguidas e a dificuldade técnica das obras me interessa por dois motivos. Primeiro, porque representa uma característica cultural, uma qualidade que o inscreve na história intelectual do Ocidente. Esse conceito de uma pureza que só é alcançável depois de grande esforço reflete uma ampla tradição religiosa no Ocidente. Isso não significa que sua obra deva ser vista como manifestação contemporânea da arte religiosa. Estou apenas tentando detectar uma característica de inserção cultural e histórica. Em segundo lugar, isso também pode ser visto como um traço da natureza humana. Somos a estranha mistura de corpo e mente, de matéria e consciência, e é evidente que toda tentativa de superar as limitações materiais, animais ou corporais requer um esforço diretamente proporcional ao grau de pureza desejado.

—— CCD Alcançar a pureza é o resultado de um esforço enorme. O conceito de cor no espaço, livre de todos os vínculos materiais, está presente desde a *Fisicromía nº 1*, mas sua materialização estava cheia de parasitas, por assim dizer. Havia muitas interferências que impediam uma leitura clara da obra. Não tínhamos a leitura pura e direta que temos hoje. Por isso, meu processo consistiu em purificar o discurso e aperfeiçoá-lo através do tempo para tirar-lhe as impurezas iniciais.

—— AJ O tempo é, em geral, o problema central, de diferentes maneiras e em diferentes níveis, da arte cinética. Todas essas *Fisicromías* são fenômenos temporais, mas a noção de tempo expressa nessas obras não é precisamente da imagem do rio em perpétuo movimento que Heráclito imaginou. Não é o rio que flui e no qual é impossível pisar duas vezes. Nas *Fisicromías,* como nas *Vibraciones* de Soto, ou nas estruturas transformáveis de Agam, sempre é possível voltar atrás. Por mais diferentes que sejam as condições de iluminação do ambiente, existe uma estrutura que está lá esperando por nós para nos oferecer seu jogo de metamorfose cromática. É mais uma espécie de templo cíclico.

—— CCD A vida é cíclica e o homem é um eterno retorno. As coisas voltam, mas voltam de outra maneira, com mudanças muito sutis. As *Fisicromías* são um suporte estático para certas ocorrências que emprego a fim de projetar a cor no espaço que se realiza perceptivamente. Imagino, com essa massa de cor transformando-se constantemente no tempo e no espaço, uma *Cromosaturación* sem suporte algum, como uma nuvem, como o ar que se impregna de cores. Hoje não parece possível, pelo menos com as técnicas atuais. As obras que o artista realiza são soluções geracionais, limitadas pela época e por suas possibilidades técnicas e materiais. O mais importante são os conceitos, a intenção, e não as limitações circunstanciais. Certamente as *Fisicromías* produzem um ciclo, mas isso não diminui a proposta; ao contrário, reafirma a noção do efêmero da cor como um fenômeno em constante mutação, que é o que quero tornar manifesto. É um fenômeno que se dá no tempo e, portanto, tem uma duração.

—— AJ É muito interessante, porque ao caráter cíclico do tempo em suas *Fisicromías* se unem outras considerações temporais que não deixam de ser paradoxos. Você disse que as *Fisicromías* são uma espécie de "pedaço temporal", algo como um pedaço de tempo, mas sem passado e sem projeção para o futuro.

—— CCD Disse isso porque na pintura tradicional a cor é um testemunho, um depoimento, algo que se deu no passado. Sua percepção está submetida ao tempo, mas a estrutura que a apresenta é como o registro de uma ação concluída. Foi posta ali e ali ficou. Não evoluiu e não evolui enquanto a observamos.

—— AJ E não só isso; a cor está carregada de determinados conteúdos simbólicos dependendo da cultura pela qual está sendo observada. No mundo da iconografia cristã, por exemplo, o vermelho está associado à paixão de Cristo e também à paixão carnal.

—— CCD **E no período medieval o amarelo simbolizava traição. Há tantas teorias simbólicas sobre a cor como teorias industriais.**

—— AJ As *Fisicromías* pretendem nos colocar diante de uma situação cromática despojada de toda carga simbólica preestabelecida. Sua intenção é nos levar a enfrentar um fato, um fenômeno puro, e é nesse sentido que o imagina despojado de todo passado.

—— CCD **Sim, desvinculado de toda conotação tradicional, mas também que sua execução não distraia a atenção do acontecimento que produzem. Porque há um vermelho pintado, mas o que você realmente vê está sendo construído, está se fazendo, dando-se a ver no instante mesmo da percepção. Não tem passado nem futuro. No caso da pintura tradicional, a cor está ali, igual a quando foi pintada. Em uma *Fisicromía* acontece algo diferente, o que você está vendo é o instante em que você está produzindo a cor. Isso não aconteceu no passado, só no presente, e deixará de produzir-se logo que você deixe de vê-la.**

—— AJ Contudo, há argumentos contrários ao que você diz. Primeiro, porque essa cor que se produz aqui e agora é o resultado da interação entre pigmentos colocados sobre a superfície em um tempo passado, e isso tem importância (as cores envelhecem, por exemplo). Entretanto, é verdade que o objetivo desses pigmentos é a produção de uma cor que não se manifesta até o momento da observação. Portanto, se sabemos alguma coisa hoje, é que o olhar não é um fenômeno absolutamente mecânico como uma câmera fotográfica, mas um processo mental psicológico extremamente sutil; e ali, sem dúvida, o passado pessoal de um indivíduo, sua cultura ou sua incultura contam de maneira considerável. Lembro-me, por exemplo, de uma afirmação de Monet quando disse que desejava ter nascido cego para que pudesse recuperar a visão e começar a pintar antes de aprender a ver. Desde o impressionismo e Turner, existe esse desejo de uma visão pura deste mundo, liberada dos conceitos preestabelecidos. Infelizmente isso não é possível; a única coisa que se pode fazer é lutar para recuperar um pouco da pureza primária se alguma vez a tivemos.

— CCD **Você está falando sobre a realidade. Quando vê uma pessoa que já conhecera antes, a não ser que ela tenha mudado muito, você sabe quem é. Essas informações ficam na sua memória. Certamente uma mudança nas condições, na quantidade de luz ou no ângulo em que você vê produzem uma mudança na obra. Há variações sutis. Conforme já discutimos, não estou desligado da história, pelo contrário: acho que minha obra é resultado de um conjunto de conquistas através do tempo. Só faço um esforço para dar um pequeno passo adiante nessa história. O desejo de mexer-se, de sair do quadro, é um sentimento que os artistas barrocos já tiveram, especialmente os maneiristas, Tiépolo, Jusepe de Ribera, Andrea Pozzo, todos** eles. Eles pintavam figuras que pareciam sair dos quadros e projetar-se no espaço. Portanto, minha tentativa de enviar a cor para o espaço faz parte de uma longa história de tentativas.

—— AJ Há muitos pontos de contato entre você e os pintores barrocos, e um deles é justamente o desejo de sair do espaço e pintar com a luz.

—— CCD Muitos. Nós somos barrocos. Há muito tempo que digo isso. Vivemos numa sociedade hiperbarroca. Mais uma vez, há o medo do vazio, como no período barroco; não há um único espaço no mundo que não esteja ocupado. Neste momento, tudo está tão cheio que você não tem nem tempo de pensar. As novas gerações vão para a rua com telefone celular, ouvindo música através de fones de ouvido, depois voltam para casa, para salas cheias de imagens e objetos, e logo ligam o rádio, a televisão ou o computador. Não são donos do seu tempo, somente de suas motivações externas. Em resumo, somos coerentes com nosso tempo.

—— AJ Há outro aspecto de sua relação com o tempo que me parece interessante discutir aqui: essa vontade, comum a muitos artistas dos anos 1960, de transcender as limitações físicas da obra, principalmente o impacto decorrente do envelhecimento dos materiais. É como se esses artistas quisessem garantir a eterna juventude da obra imaginando-a como uma estrutura que possa ser refeita constantemente, inclusive com materiais diferentes dos que foram empregados da primeira vez.

— CCD Todas as minhas obras são programadas, cada uma tem um esquema onde estão definidas as suas características, de modo que permitam ser restauradas ou refeitas no futuro. Os materiais podem ser substituídos por outros desde que produzam exatamente o que programei. A Torre de Tatlin foi destruída e refeita muitas vezes. As obras de Naum Gabo, feitas em plexiglass, foram danificadas e tiveram que ser totalmente refeitas. Alguns restauradores não aceitam esse critério, que é muito diferente do de conservação das obras do passado, onde a mão do artista era insubstituível.

— AJ Alguns restauradores raciocinam com base em outro ponto de vista, e os historiadores também. Eles veem nos materiais uma marca precisa do momento histórico em que uma obra foi concebida. É nos materiais e nas técnicas empregadas que se expressa um determinado domínio material da sociedade, um grau de desenvolvimento muito específico que é parte integrante do sentido de uma obra. A Torre Eiffel não teria sido possível sem a indústria do ferro, e sua utilização marcou um momento histórico preciso.

— CCD Os conceitos do artista devem perdurar. A pintura tradicional possui uma carga de significação que não pode ser tocada. Não se pode pegar o quadro de Jan van Eyck, *O casal Arnolfini*, para repintá-lo. Isso seria borrar a marca da mão do artista, fato que não tem importância no meu caso, porque minhas obras são impressas como suportes de conceitos.

— AJ Existe nisso um conflito que muitos artistas não conseguiram resolver e que muitos, inclusive, não parecem querer resolver. Estou pensando, por exemplo, na enorme quantidade de jovens artistas que trabalham com materiais efêmeros, ou quase efêmeros. Eles sabem disso e, aliás, estão perfeitamente conscientes de que essas obras desaparecerão num prazo de vinte anos, talvez menos, e não parecem preocupados.

— CCD **Imagino que isso faz parte do discurso deles porque nasceram numa cultura do transitório e do jogar fora. Nenhum objeto é recuperado, joga-se fora e compra-se um novo. A mim, ao contrário, importa sim que o discurso permaneça. Que seja possível refazer a obra, se ela faz falta, e mudar os materiais sempre que sigam as normas exatamente como eu as estabeleci ao conceber o projeto.**

— AJ O problema está em determinar, principalmente na ausência do artista, até que ponto são aceitáveis as diferenças que os materiais introduzem e quando começam a modificar o discurso do autor. Sempre há um grau de indeterminação muito difícil de prever no tempo.

— CCD **É preciso que sejam materiais similares. Se uma pintura é fosca ou mate não pode ser substituída por outra brilhante. O importante é que na obra refeita suceda o mesmo que sucedia na obra original. Para garantir a aplicação desse critério, estão arquivados em meu ateliê todos os esquemas e programas de fabricação de minhas obras. Não trabalho mais com serigrafia, hoje uso computadores que** me permitem fazer o mesmo, e com uma perfeição muito maior, sem as limitações dos materiais e técnicas anteriores. Se eu consigo os mesmo efeitos, inclusive melhores, por que deveria continuar trabalhando com materiais e técnicas menos eficazes? Os computadores me deram maior liberdade de realização. Hoje disponho de um grau de liberdade que nunca tive antes. O importante é que o conceito possa ser expresso com eficácia e que a obra, na pureza de seu conceito, perdure além de nós mesmos.

—— AJ Não sei se uma comunicação absolutamente transparente como você sonha será possível e também não creio que seja tão fácil assegurar a eterna juventude da obra, sempre suscetível de renascer com técnicas e materiais novos – mas a ideia é, sem dúvida, cativante. Imaginar que dentro de quinhentos anos, ou mais, um espectador que não tenha mais nada a ver com o que somos perceba exatamente a mesma situação que nós... comunicarmo-nos com um ser humano inteligente quando nosso corpo já não for mais que uma massa de pó...

SOBRE O AUTOR

ARIEL JIMÉNEZ é historiador e curador independente de arte moderna e contemporânea. Estudou história da arte e antropologia na Sorbonne e destacou-se como curador de numerosas exposições em instituições públicas e privadas em quase toda a América Latina e Europa. Em Caracas foi curador da Colección Patricia Phelps de Cisneros (CPPC) entre 1997 e 2011, diretor da Sala Mendonza entre 1989-97, pesquisador assistente da Universidad de Arte do Instituto Internacional de Estudios Avanzados (IDEA) entre 1986-89, e diretor do Departamento de Educación y Medios Audiovisuales del Museo de Arte Contemporáneo, em 1984-86. Foi diretor e curador chefe do Museo de Arte Moderno Jesús Soto em Ciudad Bolívar, 2004-06. Publicou, entre outros títulos: *La primacía del color*. Caracas: Monte Ávila Editores, 1992; *He vivido por los ojos. Correspondencia Alejandro Otero/Alfredo Boulton. 1946-74*. Caracas: Fundación Alberto Vollmer e Fundación Museo Alejandro Otero, 2001; *Soto*. Caracas: Fundación Jesús Soto e Fundación Banco de Venezuela, 2007; *Alfredo Boulton y sus contemporáneos. Diálogos críticos en el arte venezolano, 1912-74*. Nova York: The Museum of Modern Art e Fundación Cisneros, 2010; *Ferreira Gullar en conversación con Ariel Jiménez*. Nova York: Fundación Cisneros, 2012 [ed. bras.: *Ferreira Gullar conversa com Ariel Jiménez.*

São Paulo: Cosac Naify, 2013]; *Jesús Soto en conversación con Ariel Jiménez*. Nova York: Fundación Cisneros, 2001 [ed. bras.: *Jesús Soto conversa com Ariel Jiménez*. São Paulo: Cosac Naify, 2014].

CRÉDITOS DAS IMAGENS

—— **Capa** *Proyecto mural*, 1954, caseína e tinta látex sobre madeira, hastes de metal, 70,5 × 54,6 × 10,0 cm. Coleção Cruz-Diez Foundation. © Carlos Cruz-Diez / Adagp, Paris, 2014.

—— **Contracapa** Paletas de cor, 1973. © Carlos Cruz-Diez.

—— **Abertura**[pp.6-7] *Cromosaturación*, 1998 [detalhe]. © Carlos Cruz-Diez.

—— 1 Cristóbal Rojas, *El purgatório*, 1890, óleo sobre tela, 339 × 256 cm. Coleção Iglesia de la Divina Pastora, Caracas. © Archivo CINAP.

—— 2 *Paisaje de San Bernardino*, 1943, óleo sobre tela, 60 × 52,5 cm. Coleção particular. © Carlos Cruz-Diez.

—— 3 Matthias Grünewald, *Cristo crucificado*, 1944, óleo sobre tela pregada sobre papelão, 41 × 33 cm. Coleção particular. © Carlos Cruz-Diez.

—— 4 *Adán el chichero*, 1950, caseína sobre papelão, 66 × 48 cm. Coleção particular. © Carlos Cruz-Diez.

—— 5 Aquiles Nazoa na favela Observatorio Cajigal. Foto de Carlos Cruz-Diez, 1945. Coleção Cruz-Diez Foundation. © Carlos Cruz-Diez.

—— 6 *El papagayo verde*, 1949, caseína sobre estuque e madeira, 63 × 81 cm. Coleção particular. © Carlos Cruz-Diez.

—— 7 *La loca del barrio*, 1947, pintura Plaka sobre papelão, 80 × 60 cm. Coleção particular. © Carlos Cruz-Diez.

—— 8 *Collage nº 106*, 1954, papelão, 22,5 × 29,5 cm. Coleção particular. © Carlos Cruz-Diez.

—— 9 *Collage con líneas*, 1954, papelão, 17 × 14 cm. Coleção particular. © Carlos Cruz-Diez.

10 *Primer proyecto para un muro exterior*, 1954, madeira pintada sobre madeira compensada, 70,5 × 55,5 × 10,3 cm. Coleção Centre Georges Pompidou, Paris. © Carlos Cruz-Diez.

11 *Proyecto para un muro exterior*, 1954-65, acrílico sobre madeira compensada, 40 × 55,2 × 6,4 cm. Coleção Patricia Phelps de Cisneros. © Carlos Cruz-Diez.

12 *Sin título* (da série *Parénquimas*), 1955, óleo sobre madeira aglomerada, 66 × 46 cm. Coleção Patricia Phelps de Cisneros. © Carlos Cruz-Diez.

13 *Objeto manipulable nº2*, 1956, madeira laqueada, 51 × 24 cm. Coleção particular. © Carlos Cruz-Diez.

14 *Construcción en cadena*, 1957, concentrado de caseína sobre madeira, 66,5 × 76 cm. Coleção particular. © Carlos Cruz-Diez.

15 *Vibración en el espacio. Persistencia retiniana*, 1958, madeira, caseína e vinil, 66 × 76 cm. Coleção particular. © Carlos Cruz-Diez.

16 *Doble animación de un plano*, 1959, acrílico sobre madeira, 122 × 85 cm. Coleção particular. © Carlos Cruz-Diez.

17 *Color aditivo*, 1959, acrílico sobre papel, 41,9 × 48,3 cm. Coleção Patricia Phelps de Cisneros. © Carlos Cruz-Diez.

18 *Fisicromía nº1*, 1959, caseína sobre papelão e madeira, 51,5 × 51,5 cm. Cruz-Diez Foundation. © Carlos Cruz-Diez.

19 *Fisicromía nº3*, 1959, caseína sobre papelão e madeira, 51 × 51 cm. Coleção particular. © Carlos Cruz-Diez.

20 *Interior de un rancho*, 1955, caseína sobre papelão, 45 × 60 cm. Coleção particular. © Carlos Cruz-Diez.

— 21 *Fisicromía nº 5*, 1960, caseína sobre papelão e madeira, 50 × 50 cm. Coleção particular. © Carlos Cruz-Diez.

— 22 *Sin título*, 1961, caseína e madeira sobre madeira aglomerada, 31,1 × 31,1 × 5,1 cm. Coleção Mercantil. © Carlos Cruz-Diez.

— 23 *Physichromie nº 47*, 1961, acrílico sobre papel Celloderme, 62 × 62 cm. Cruz-Diez Foundation. © Carlos Cruz-Diez.

— 24 *Physichromie*, 1962, caseína sobre papelão, metal, gesso e madeira, 30 × 30 cm. Coleção Oscar Ascanio. © Carlos Cruz-Diez.

— 25 *Physichromie nº 57*, 1962, caseína sobre PVC e madeira aglomerada (utilizou-se originalmente Rhodoïd, mas foi substituído por PVC no restauro da obra), 88 × 36 cm. Coleção particular. © Carlos Cruz-Diez.

— 26 © Carlos Cruz-Diez.

— 27 *Physichromie nº 114*, 1964, pintura sintética e polímero sobre painel de madeira e pedaços de papelão interpolados com lâminas de plástico, 71 × 143 cm. The Museum of Modern Art (Moma). © Carlos Cruz-Diez.

— 28 *Physichromie nº 196*, 1965, caseína sobre papelão e madeira, 60 × 292 cm. Coleção Cruz-Diez Foundation. © Carlos Cruz-Diez.

— 29 Capa da revista *Robho* n. 5/6, 1971.

— 30 Página 16 da revista *Robho* n. 5/6, 1971.

— 31 *Fisicromía Banco Central*, 1973, alumínio e lâminas de acrílico, 300 × 600 cm. Banco Central da Venezuela. © Carlos Cruz-Diez.

— 32 Coleção Cruz-Diez Foundation. © Carlos Cruz-Diez.

—— 33 *Physichromie nº 662*, 1973, PVC e acrílico sobre alumínio, 100 × 100 cm. Coleção particular. © Carlos Cruz-Diez.

—— 34 Coleção Cruz-Diez Foundation. © Carlos Cruz-Diez.

—— 35 *Transchromie*, 1965, plexiglass e alumínio, dimensões variáveis. Coleção Cruz-Diez Foundation. © Carlos Cruz-Diez.

—— 36 *Induction chromatique. Bleu + noire = jaune*, 1963, serigrafia sobre papel, 20 × 20 cm. Coleção Cruz-Diez Foundation. © Carlos Cruz-Diez.

—— 37 *Physichromie nº 118* (*Chromointerference* [*Boîte à manipuler*]), 1964, serigrafia sobre acrílico e madeira, 51 × 51 cm. Coleção Cruz-Diez Foundation. © Carlos Cruz-Diez.

—— 38 Claude Monet, *Ninféias* [*Water-Lilies*], depois de 1916, óleo sobre tela, 200,7 × 426,7 cm. © 2014. Copyright The National Gallery, Londres/Scala, Florença.

—— 39 *Fisicromía nº 2422*, 2002, serigrafia sobre alumínio, 80 × 160 cm. Coleção particular. © Carlos Cruz-Diez.

—— 40 Primeira maquete de *Chromosaturation* para um espaço público, 1965, PVC e madeira, 49 × 63,4 × 22,8 cm. Coleção particular. © Carlos Cruz-Diez.

—— 41 Esquema para o *Laberinto de descondicionamiento*, 1965. Coleção Cruz-Diez Foundation. © Carlos Cruz-Diez.

—— 42 Esquema para *Cromosaturación de Grenoble*, Maison de la Culture, Grenoble, França, 1968. Coleção Cruz-Diez Foundation. © Carlos Cruz-Diez.

—— 43 Esquema para *Laberinto de cromosaturación*, Museum am Ostwall, Dortmund, Alemanha, 1968.

Coleção Cruz-Diez Foundation. © Carlos Cruz-Diez.

— 44 *Chromosaturation: Labyrinthe pour un lieu public* [Cromossaturação: Labirinto para um espaço público], Place d'Odéon, Boulevard St. Germain, Paris, 1969. Coleção Cruz-Diez Foundation. © Carlos Cruz-Diez.

— 45 *Cromosaturación*, 1998 [detalhe]. *Retrospectiva de Cruz-Diez: 1954-98*, Städtische Museum, Gelsenkirchen, Alemanha, 1998. Coleção Cruz-Diez Foundation. © Carlos Cruz-Diez.

— 46 e 47 *Cromoprisma aleatorio*, 1975 [dois pontos de vista], lâminas de acrílico e lâmpadas coloridas com controles eletrônicos, 300 × 60 cm. Coleção particular. © Carlos Cruz-Diez.

— 48 *Ambientación cromática*, Central Hidrelétrica José Antonio Páez, Santo Domingo, Venezuela, 1973. © Carlos Cruz-Diez.

— 49 *Ambientación cromática*, Aeroporto Internacional Simón Bolívar, Maiquetía, Venezuela, 1974. © Carlos Cruz-Diez.

— 50 *Physichromie double face*, Place du Venezuela, Paris, 1978. © Carlos Cruz-Diez.

— 51 *Ambientación cromática para la sala de máquinas número uno*, Central Hidrelétrica Raúl Leoni, Guri, Venezuela, 1986. © Carlos Cruz-Diez.

— 52 *Cromoestructura radial en homenaje al sol*, Barquisimeto, Venezuela, 1983. © Carlos Cruz-Diez.

— pp. 240-41 Carlos Cruz-Diez em Paris. Foto de Ariel Jiménez, 2009.

Créditos fotográficos

Americas Society Gallery; Archivo CINAP; Atelier Cruz-Diez; Luis Brito; Ariel Jiménez; Mark Morosse; National Gallery of London; Luz Pérez Ojeda; Arturo Sánchez; Taller Cruz-Diez.

Originally published in English and Spanish in 2010 by Fundación Cisneros.

ORGANIZAÇÃO DA SÉRIE FUNDACIÓN CISNEROS Gabriel Pérez-Barreiro
EDIÇÃO INGLÊS / ESPANHOL Ileen Kohn e Donna Wingate
COORDENAÇÃO EDITORIAL Ana Carolina Ramos e Charles Cosac
ASSISTENTE EDITORIAL Rafaela Biff Cera
PREPARAÇÃO Maria Fernanda Alvares
REVISÃO Cássia Land e Eliane Santoro
PROJETO GRÁFICO Elaine Ramos e Nathalia Cury
PRODUÇÃO GRÁFICA Aline Valli
TRATAMENTO DE IMAGENS Wagner Fernandes

Nesta edição, respeitou-se o novo Acordo Ortográfico da Língua Portuguesa.

Dados Internacionais de Catalogação na Publicação (CIP)

Jiménez, Ariel
Carlos Cruz-Diez conversa com Ariel Jiménez
Título original: *Cruz-Diez in Conversation with Ariel Jiménez* [*Cruz-Diez en conversaciones con Ariel Jiménez*]
Tradução: Vera Pereira
São Paulo: Cosac Naify, 2014
252 pp., 54 il.

ISBN DA COLEÇÃO CONVERSAS 978-85-405-0625-1
ISBN 978-85-405-0657-2

1. Artes plásticas: Crítica 2. Cruz-Diez, Carlos Entrevistas 3. Jiménez, Ariel

I. Título

73.7.06-8 CDD-730.06

Índices para catálogo sistemático:
I. Artes plásticas: crítica: 730.06

COSAC NAIFY
rua General Jardim, 770, 2º andar
01223-010 São Paulo SP
cosacnaify.com.br [11] 3218 1444
atendimento ao professor [11] 3823 6560
professor@cosacnaify.com.br

FONTES Freight Sans e Freight Text
PAPEL Yu Long Pure 100 g/m²
Impresso na Toppan, China